U0726442

公路建设与管理研究

韩守勇◎著

吉林科学技术出版社

图书在版编目（CIP）数据

公路建设与管理研究 / 韩守勇著. -- 长春 ：吉林
科学技术出版社，2023.5
ISBN 978-7-5744-0441-0

Ⅰ．①公… Ⅱ．①韩… Ⅲ．①道路工程－施工管理
Ⅳ．①U415

中国国家版本馆 CIP 数据核字 (2023) 第 105716 号

公路建设与管理研究
GONGLU JIANSHE YU GUANLI YANJIU

主　　编	韩守勇
出 版 人	宛　霞
责任编辑	王丽新
幅面尺寸	185 mm×260mm
开　　本	16
字　　数	266 千字
印　　张	11.75
版　　次	2023 年 5 月第 1 版
印　　次	2023 年 5 月第 1 次印刷

出　　版　　吉林科学技术出版社
发　　行　　吉林科学技术出版社
地　　址　　长春市净月区福祉大路 5788 号
邮　　编　　130118
发行部电话/传真　0431-81629529　81629530　81629531
　　　　　　　　　81629532　81629533　81629534

储运部电话　0431-86059116

编辑部电话　0431-81629518

印　　刷　　北京四海锦诚印刷技术有限公司

书　　号　　ISBN 978-7-5744-0441-0
定　　价　　70.00 元

前　言

　　随着我国经济的快速发展，建设已成为当今最具活力的一个行业。纵观全国，数以万计的高楼拔地而起；公路、铁路建设发展迅猛，成就斐然；纵横交错的公路网和铁路网不断延伸、完善，有力地推动着国民经济持续快速健康增长。"要致富，先修路"——交通是经济社会发展的先行官。伴随着公路拓展，中国的城市群开始崛起，经济圈逐步扩大，中国人的生活方式发生深刻变化。

　　公路工程施工项目属于一次性工程，其特点是规模大、变动因素多、施工单位流动性强、行业竞争激烈，这些特性要求必须加大项目的管理工作，使公路施工企业按照项目管理要求设置施工组织机构，组建施工队伍，对工程项目实施过程组织。同时，又要保证工程进度、质量、劳动、机械、材料、成本、安全、环境、资料、竣工验收等方面能相互协调，并得到很好的控制，以保证项目顺利完成。同时，新技术、新工艺、新设备、新材料的不断涌现，对公路工程人员的要求越来越高。公路工程基层施工组织中的技术人员的业务水平和管理能力的高低，已经成为公路工程建设项目能否有序、高效、高质量完成的关键。

　　高速公路是一种现代化的公路交通设施，是专供汽车行驶的专用公路，为汽车的快速、安全、舒适、连续运行提供了基本条件和保证。高速公路的建设不仅能够极大地改善公路交通运输状况，而且也能够产生巨大的经济效益和社会效益，带来人们观念上的巨大变革。本书从公路建设项目管理的概念与规范化管理技术体系入手，全面、系统地论述了公路规划与建设管理、公路路基工程建设、路面工程建设以及公路建设项目进度与质量管理、合同与支付管理，最后阐述了公路建设项目安全管理。本书可作为从事公路建设、管理工作有关人员的参考书籍。在写作过程中，由于水平有限，书中难免存在很多不足之处，恳请各位专家和读者能够提出宝贵意见，以便进一步改正，使之更加完善。

目 录

第一章 公路建设项目管理概述

第一节 公路建设项目及其分类

一、基本建设项目

（一）基本建设项目的概念

基本建设项目是投资行为与建设行为相结合的投资项目。投资是项目建设的起点，没有投资就没有建设；反过来，没有建设行为，投资的目的就不可能实现，建设的过程就是投资目的实现的过程，是把投入的货币转换成实物资产的过程。

基本建设项目是投资项目中最重要的一类。一个建设项目就是一项固定资产投资项目，既有基本建设项目（新建、扩建、改建、迁建、重建等工程），又有更新改造项目。什么是基本建设项目，目前理论界的看法并不一致，多数认为基本建设项目是添置新固定资产的投资活动，包括固定资产的新建、扩建和改建等，属于固定资产外延扩大再生产的范畴。但实际上，没有纯外延的基本建设项目。更新改造项目是以节约产品生产成本、提高产品质量、增加新产品品种、治理"三废"和改善劳动安全条件为主要内容的投资项目，属于固定资产内涵扩大再生产的范畴，但也有设备更新的简单再生产及包括部分扩大再生产的成分。

总之，建设项目是指需要投入一定量的资本、实物资产，有预期的社会经济目标，在一定的约束条件下，经过研究决策和实施（设计和施工等）等一系列程序，形成固定资产的一次性事业。

从管理的角度来看，一个建设项目应是在一个总体设计及总核算范围内，由一个或若干个互有联系的单项工程组成的，建设中实行统一核算、统一管理的投资建设工程。

（二）基本建设项目的特征

基本建设项目一般应具有下列特征：

1. 具有明确的建设目标

建设目标既有宏观目标，又有微观目标。政府审核建设项目，主要审核建设项目的宏观经济效果和社会效果。企业则更多地重视建设项目的盈利能力等微观的财务目标。

2. 是在众多约束条件下实现项目的建设目标

主要的约束条件有：第一，时间约束。即一项工程要有合理的建设工期时限。第二，资源约束。即一项工程要在一定的投资额度、物力、人力条件下来完成建设任务。第三，质量约束。即一项工程要有预期的生产能力、技术水平、产品（工程）质量或工程使用效益的要求。

3. 具有一次性和不可逆性

表现为投资建设地点的一次性固定，建成后不可移动。设计的单一性，施工的单件性。工程建设与一般商品生产不同，不是批量生产。工程项目（尤其是公路项目）建设一旦完成，一般不可能改变用途。

4. 投资巨大

建设周期长，投资回收期长，工程寿命周期长，其质量优劣的影响面大，作用时间长。

5. 风险大

由于工程项目建设是一次性的，建设过程中的各种不确定性因素很多，因此投资的风险性很大。

6. 项目的内部结构

内部结构存在许多接合部，是项目管理的薄弱环节，给参加建设的各单位之间的沟通、协调造成了许多困难，这也是工程实施中容易出现事故和质量问题的地方。

（三）基本建设项目与投资项目的关系

基本建设项目的建设是一种投资行为，工程建设项目属于投资项目的一种类型。因此，研究建设项目就必须从投资项目说起。

投资项目有广义与狭义之分。广义的投资项目是泛指在一定的约束条件下（如资金、技术、资源、时间、空间、政策等），投资主体为获得未来预期效益，将货币资本或实物资本投入营利性或非营利性事业，从事生产或服务等经济活动，具有明确目标要求的一次性事业。在社会经济活动中，在不同的场合，投资项目有不同的含义。如在建设领域，有以投资建设活动为内容的工程建设项目；在生产经营领域，有企业新产品开发项目、技术引进项目、设备更新项目；在流通领域，有以物资流通为内容的销售网络建设项目；在科研领域，有以研究与开发为内容的高新技术研究开发项目；在军事领域，有各种军事项目等。有些投资项目只有投资行为而没有建设行为，如金融投资项目。

狭义的投资项目是指既有投资行为，又有建设行为的工程建设项目。

二、公路建设项目的分类

公路建设项目属于基本建设项目的一种，具有基本建设项目的特性。公路建设项目按划分的标准不同，有以下八种不同的分类方法：

（一）按投资的再生产性质划分

可分为基本建设项目和更新改造项目。属于基本建设项目的有新建、扩建、改建、迁建和重建等；属于更新改造项目的有技术改造项目、技术引进项目等。

1. 新建项目

新建项目是指从无到有，"平地起家"的项目。即在原有固定资产为零的基础上投资建设的项目。按国家规定，若建设项目的原有基础很小，扩大建设规模后，其新增固定资产的价值超过原有固定资产价值三倍以上的，也当作新建项目。

2. 扩建项目

扩建项目是指企、事业单位在原有的基础上，投资扩大建设的项目。如在企业原场地的范围内或其他地点，为扩大原有产品的生产能力或增加新产品的生产能力而建设的主要生产车间、独立的生产线或总厂下的分厂；事业单位和行政单位增建的业务用房等。对于交通建设项目来讲，像道路的加宽、交通设施的增加和完善等都可以看成是扩建项目。

3. 改建项目

改建项目是指企、事业单位对原有设施、工艺条件等进行改造的项目。我国的相关规定，企业为消除各工序或各车间之间生产能力的不平衡，增建或扩建的不直接增加本企业主要产品生产能力的车间为改建项目。现有企业、事业、行政单位增加或扩建部分辅助工程和生活福利设施并不增加本单位主要效益的，也为改建项目。对于交通建设项目来讲，像局部路线的改移、改渡口为桥梁、改越岭线为隧道等，可以看成是改建项目。

4. 迁建项目

迁建项目是指原有企、事业单位，为改变生产力布局，迁移到另地建设的项目，不论其建设规模是否扩大，都属于迁建项目。对于交通建设项目来讲，由于重新考虑路网布局的需要，废除原有道路，重新建设的路线走向，可以看成是迁建项目。

5. 重建项目

重建项目是指原有企、事业单位，因自然灾害等，使已建成的固定资产的全部或部分报废以后又重新投资建设的项目。但是尚未建成投产的项目，因自然灾害损坏再重建的，仍按原项目看待，不属于重建项目。

6. 技术改造项目

技术改造项目是指企业采用先进的技术、工艺、设备和管理方法，为增加产品品种、提高产品质量、扩大生产能力、降低生产成本、改善劳动条件而投资建设的改造项目。例如，对于道路交通设施的改造，对于交通流的重新组织，以增加道路通行能力的项目，可以看成是技术改造项目。

7. 技术引进项目

技术引进项目是技术改造项目的一种，少数是新建项目，主要特点是由国外引进专利、技术许可证和先进设备，再配合国内投资建设的项目。例如，引进成套的施工设备等项目。

（二）按建设阶段划分

可分为预备项目（投资前期项目）或筹建项目、新开工项目、施工项目、续建项目、投产项目、收尾项目、停建项目。

（三）按投资建设的用途划分

可分为生产性建设项目和非生产性建设项目。

1. 生产性建设项目

即用于物质产品生产的建设项目。如工业项目、运输项目等。交通运输项目是直接为生产和流通服务的，是国民经济的重要基础设施，应该看成是生产性建设项目。

2. 非生产性建设项目

非生产性建设项目是指为满足人们物质文化生活需要的项目。非生产性项目还可分为经营性项目和非经营性项目。

（四）按资金来源划分

可分为国家预算拨款项目、国家拨改贷项目、银行贷款项目、企业联合投资项目、企业自有资金项目、利用外资项目、外资项目。

（五）竞争性、基础性和公益性项目

1. 竞争性项目

竞争性项目是指投资收益和风险比较高，市场调节比较灵敏，竞争性较强的建设项目，主要是制造业和房地产项目。

2. 基础性项目

基础性项目是指建设周期长、投资量较大的基础设施和部分基础工业项目，如交通、通信、能源、水利、城市公用设施等。一些基础性项目具有自然垄断性，有些基础性项目收益较低。

3. 公益性项目

公益性项目是指那些主要为社会发展服务、难以产生直接回报的建设项目，如科研、教育、医疗保健、文化等社会事业，也包括某些公路建设项目。

（六）按公路技术等级划分

公路根据使用的任务、功能和适应的交通量分为高速公路、一级公路、二级公路、三级公路、四级公路五个等级。

高速公路为专供汽车分向、分车道行驶并全部控制出入的干线公路。

四车道高速公路一般能适应按各种汽车折合成小客车的远景设计年限，年平均昼夜交通量为25000～55000辆；六车道高速公路一般能适应按各种汽车折合成小客车的远景设计年限，年平均昼夜交通量为45000～80000辆；八车道高速公路一般能适应按各种汽车折合成小客车的远景设计年限，年平均昼夜交通量为60000～100000辆。

一级公路为供汽车分向、分车道行驶的公路，一般能适应按各种汽车折合成小客车的远景设计年限，年平均昼夜交通量为15000～30000辆。

二级公路一般能适应按各种车辆折合成中型载重汽车的远景设计年限，年平均昼夜交通量为3000～7500辆。

三级公路一般能适应按各种车辆折合成中型载重汽车的远景设计年限，年平均昼夜交通量为100～4000辆。

四级公路一般能适应按各种车辆折合成中型载重汽车的远景设计年限，年平均昼夜交通量为：双车道1500辆以下；单车道200辆以下。

公路技术等级的选用，应根据交通量调查、预测交通量和公路网整体规划，从全局出

发，结合公路的使用任务、性质综合确定。根据有关的公路法规、规章、标准的规定，公路技术等级的选用，应根据公路网的规划，从全局出发，按照公路的使用任务、功能和远景交通量综合确定。在同一条公路中，可根据交通量等情况，分段采用不同的车道数或不同的公路等级。对于不符合技术等级标准规定的已有公路，应根据需要与可能的原则，按照公路网发展规划，有计划地进行改建，提高其通行能力和使用质量，以达到相应的等级公路标准的规定指标。新建公路，应符合公路工程的技术等级标准的要求。

（七）按公路的行政隶属关系划分

公路分为国家干线公路（以下简称"国道"），省、自治区、直辖市干线公路（以下简称"省道"），县公路（以下简称"县道"），乡公路（以下简称"乡道"）和专用公路五个行政等级。这就是我国按照行政体制，根据公路所处的地理位置、公路在国民经济中的地位和作用以及公路交通运输的特点所做的公路行政分级。这种分级影响和决定了我国公路投资体制、公路建设与管理体制等一系列法规、制度的形成。总的来说，我国公路系统实行"统一领导、分级管理"的原则。中华人民共和国交通运输部主管全国的公路事业。

1. 国道

国道是指具有全国性政治、经济意义的主要干线公路，包括重要的国际公路、国防公路，连接首都与各省、自治区首府和直辖市的公路，连接各大经济中心、港口枢纽、商品生产基地和战略要地的公路。它由中央政府统一规划，由各所在地省、自治区、直辖市负责建设、管理和养护；维修养护的资金目前由养路费解决，费改税后由燃油税提供资金，大中型新建、改建项目以国家投资、部分养路费及其他集资、融资方式解决。

2. 省道

省道是指具有全省（自治区、直辖市）政治、经济意义，以省会城市为中心，连接省内各重要城市、交通枢纽、主要经济区的干线道路，以及不属于国道的省际重要公路，它们是在中央政府颁布国道后，由省、自治区，直辖市的交通主管部门对具有全省意义的干线公路加以规划，并负责建设、养护和改造的公路。

3. 县道

县道是指具有全县政治、经济意义，连接县城和县内主要乡（镇）、主要商品生产和集散地的公路，以及不属于国道、省道的县际的公路。大部分县道由县政府自行负责规划、建设、养护及使用，少部分县道由省级政府规划、建设及养护。

4. 乡道

乡道是直接或主要为乡、村内部的经济、文化、行政服务的公路和乡、村与外部联系的公路。乡道要由县级政府统一规划，并由县、乡组织建设、养护、管理和使用。

5. 专用公路

专用公路就是专供或主要供某特定工厂、矿山、农场、林场、油田、电站、旅游区、军事要地等与外部连接的公路，它由专用部门或单位自行规划、建设、使用和维护。省专用公路的专用性质因故发生变化时，由专用部门或单位申请，经省级政府公路主管部门批准，可以改划为省道或县道。

（八）按公路的经济性质划分

按公路的经济性质划分为经营性公路和非经营性公路。

在加快我国公路交通事业发展的过程中，为了解决资金不足的问题，国家出台了一系列公路投资、融资的改革措施，尤其是大胆利用外资和吸引私人、企业及社会各方面的资金参与公路基础设施的建设。在这样的背景下，为了准确表达高速公路的经营性质，提出了经营性公路和非经营性公路的分类。

"经营"在《辞海》中的解释是"经度营造，筹划营谋"。一般的理解，经营是在商品经济条件下的一种企业行为，即企业根据其外部环境和内部条件，制定应采取的目标、方针、策略的系统活动，其目的是追求较大利润。企业、私人或国外投资者之所以愿意拿出钱来投资公路建设，其目的也是追求利润。因此，经营性公路，就是以追求实现利润最大化为目标的竞争性投资的公路项目。

从公路的技术经济属性可知，公路属于公共产品的范畴，它是国家的重要基础结构。我国投资项目划分为三类，即竞争性投资项目、基础性投资项目和社会公益性投资项目。作为国家基础结构的公路，应划分为基础性投资项目或者社会公益性投资项目。高等级公路有比较显著的"级差效益"，同时还要考虑到我国处于社会主义初级阶段，底子薄，缺少全面大规模发展公路现代化交通事业的资金，为了解决资金问题，加快公路建设速度，也不排除在高等级公路建设过程中，选择部分条件适合的高速公路项目，作为竞争性投资项目来操作和运行，只要政府政策对头，引导得法，管理有效，控制适当，就能做到既吸引中外经济单位资金，加快我国高速公路建设，又不会影响国家对公路基础设施的控制。经营性公路就是在这种指导思想及实践的基础上提出的。

当前，从经营性质的角度，可以将公路划分为两类：第一类是经营性公路，它主要包括有偿转让经营权的公路，实施公路企业资本化（股份制等）经营的公路和实施BOT项目建设经营的公路。由于公路是国家的基础结构，上述公路的经营与市场上一般商品的经营还有很大区别，可以把经营性公路统称为政府对公路基础设施的特许经营。这些项目之所以称为经营性公路，主要特征是经营公路的主体是公司制企业，它们经营的目的是盈利。按照国家对投资项目的分类，经营性公路项目属于竞争性投资项目。第二类是非经营性公路，在非经营性公路里又可以细分为两种：第一种是收费性的高等级公路（包括收费桥梁和隧道）。收费性高等级公路的投资除含有政府拨款外，还含有政府担保的社会集资、向银行的借款、贷款及各种形式引进的外资。为了偿还公路建设的借贷资金及用于公路维护成本、收费开支等，这些高等级公路要向使用者收费。这类收费公路并不是以盈利为目的，建设这类收费公路的单位无论如何称呼，它们都是政府交通主管部门委托的专门机构。其收费的目的，中央政府也有明文规定，就是为了偿还借贷款，一旦借贷款还清本息之后，要立即停止收费；如果还清借贷款后继续收费，必须得到省级人民政府批准，所得收入，只能用于公路建设，实行滚动发展。为了区别于不收费的社会公益性公路，可把这类收费的公路称为基础性公路，它们可以归为中央政府划分投资项目类别里的基础性投资项目。第二种是不收费的社会公益性公路。它们是由国家财政拨款投资、养路费投资、民工建勤、以工代赈或者个人及社会捐资修建的公路。这些公路不收取过路费，其养护管理成本从征收的养路费中开支，即社会公益性公路的价值补偿和实物补偿要通过收取税费的方式解决，实行路政与养护相互协作的管养结合的体制。目前，我国的社会公益性公路主要是中、低等级的普通公路，实行混合交通。

根据高等级公路级差效益原理，目前我国使用这个标准界定收费公路基本上是合适的。

对公路项目进行不同的分类，有利于观察、分析和研究基本建设的投资结构，加强基本建设的宏观管理和调控，能更好地发挥投资项目的经济效益和社会效益。

第二节　公路建设项目系统分析

每个建设项目都有其特定的建设意图和使用功能要求。大中型建设项目往往包括诸多形体独立、功能关联、共同作用的单体工程。就公路项目的单体工程而言，一般也由路基、路面、桥梁、隧道和交通工程设施共同构成一个有机的整体。

每个建设项目都需要投入巨大的人力、物力和财力等社会资源进行建设，并经历路网规划、项目策划、决策立项、勘察设计、建设准备和施工生产活动等环节，最后才能交付使用。也就是说它有自身的产生、形成和发展的过程。整个过程的各个环节相互联系、相互制约并受到建设条件的影响。

每个建设项目都处在社会经济系统中，它和外部环境发生着各种各样的联系，项目的建设过程渗透着社会经济、政治、技术、文化、道德和伦理观念的影响和作用。

因此，实施一个建设项目管理，必须用系统工程学的原理，去研究分析项目的内部系统构成、外部系统环境、项目总目标和子目标、各个子系统和子目标之间，以及子系统、子目标和总体系统、总体目标之间的关系和运行管理问题，期求系统目标的总体优化以及与外部环境的相互关联和协调发展。

一、内部工程系统

为了使工程建设各有关部门（包括建设、设计、施工、管理、计划、统计、财务）对工程建设统一规划，国家计划和建设主管部门对建设项目的组成和划分原则做了统一规定。

（一）建设项目

建设项目，又称基本建设项目，一般指符合国家总体建设规划，能独立发挥生产功能或满足生活需要，其项目建议书经批准立项，可行性研究报告经过批准的建设任务。如一座工厂、一个矿山、一条公路，都可称为一个建设项目。

公路建设项目，也称公路基本建设项目，一般是指在一个总体设计或初步设计范围内，由一个或若干个互相有内在联系的单项工程组成，实行统一核算、统一管理的建设单位，如一个完整的公路项目、渡口改桥项目等都可以看成是一个公路工程项目。属于一个总体设计中的主体工程和相应的附属配套工程、综合利用工程、环境保护工程等，只能作为一个单项工程，如公路工程中的通信设施、安全设施、公路标志、公路声屏障等设施，它附属于主体工程，不能作为一个工程项目。同时也不能把不属于一个总体设计内的分别核算的项目，按地区"捆在一起"，作为一个建设项目。在一个总体设计内，分期建设的工程，也只能作为一个工程项目，不得按年度分期另立项目，只能标明××工程项目第一期工程或第二期工程。

（二）单项工程

单项工程，又称为工程项目，它是建设项目的组成部分，是具有独立的设计文件，在竣工后能独立发挥设计所规定的生产能力或效益的工程。公路建设的单项工程一般指独立的桥梁工程、隧道工程，这些工程一般包括与已有公路的接线，建成后可以独立发挥交通功能。但一条路线中的桥梁或隧道，在整个路线未修通前，并不能发挥交通功能，就不能作为一个单项工程。

（三）单位工程

在建设项目中，根据签订的合同，具有独立施工条件，可以单独作为成本核算对象的工程。公路项目被划分为路基工程、路面工程、大中桥梁工程、互通立交工程、隧道工程和交通安全设施六个单位工程。

（四）分部工程

在单位工程中，按结构部位、路段长度及施工特点或施工任务划分为若干个分部工程。如在路基工程中，又划分为路基土石方工程、排水工程、小桥、涵洞工程、砌筑工程及大型挡土墙等分部工程。

（五）分项工程

在分部工程中，按施工方法、材料、工序及路段长度等划分为若干个分项工程。如路基土石方工程又划分为土方路基、石方路基、软土地基处理、土工合成材料处置等分项工程。

建设单位、施工单位、监理单位和质量监督部门应按照相关规定对公路项目进行划分，逐级进行计划安排、费用计算、质量监控、建设管理和施工管理。

二、外部关联系统

一个工程项目的建设，是一项有计划有组织的系统活动，也是人的劳动和建筑材料、构配件、机具设备、施工技术方法以及建设环境条件等有机结合的过程。因此，从物质生产角度看，就是劳动者和劳动手段、劳动对象（劳动资料）的结合过程。这就必然涉及工程建设市场，包括工程建设招投标市场和建筑生产要素市场的各方主体，通过一定的交易方式形成以经济合同，包括工程勘察设计合同、施工承发包合同、监理承发包合同等为纽带的种种经济关系或责任权利关系，从而构成了建设项目和其外部各相关系统的关联关系。

（一）项目业主

项目业主，即项目的投资者或出资者，由业主代表组成项目法人机构、取得项目法人资格。从投资者的利益出发，根据建设意图和建设条件，对项目投资和建设方案做出既符合自身利益，又适应建设法规和政策规定的决策，并在项目的实施过程中履行业主应尽的责任和义务，为项目的实施者创造必要的条件。业主的决策水平、业主行为的规范性等，对一个项目的建设起着重要的作用。

（二）项目使用者

公路项目作为公共项目，其使用者不仅是业主，更主要的是广大人民群众。使用者对公路项目使用功能和质量的要求，随着社会生产力的发展和经济水平的提高而提高，也就是说公路项目质量的潜在需要是发展变化的，这对建设项目的策划、决策、设计以及施工质量的形成过程不断提出更高的要求。从质量管理的思想来说，要把"用户第一""想到最终使用者"作为基本的指导方针，并且以使用者的最终评价作为评价公路建设质量的重要依据。

（三）研究单位

科技是第一生产力，公路科学技术的发展不断推动着公路建设水平和管理水平的发展。一个公路建设项目的实施，往往也是新技术、新工艺、新材料、新设备以及新的管理思想、方法和手段等自然科学和社会科学的最新成果转化为社会生产力的过程。因此，研究机构是建设项目的后盾，它为项目的建设策划、决策、设计、施工等各个方面，提供社会化的、直接或间接方式的技术支援。无论在项目决策和实施的哪个阶段，项目管理者都必须充分重视社会生产力发展的最新动向和最新成果的应用。它不但对项目的投资、质量、进度目标产生积极的影响和作用，而且还对项目建成后的生产运营、使用和社会效益都具有极为重要的意义。

（四）设计单位

设计单位是将业主的建设意图、政府建设法律法规要求、建设条件作为基础，经过智力的投入进行建设项目技术、经济方案的综合创作，编制出用以指导建设项目施工活动的设计文件。设计联系着项目决策和项目施工两个阶段，设计文件既是项目决策方案的体现，也是项目施工方案的依据。因此，设计过程是确定项目总投资目标和项目质量目标，包括建设规模、使用功能、技术标准、质量规格等。设计先于施工，然而设计单位的工作还延伸于施工过程，指导并处理施工过程中可能出现的设计变更或技术变更，确认各项施工结果与设计要求的一致性。

（五）施工单位

施工单位是以承建工程施工为主要经营活动的公路产品的生产者和经营者，在市场经济体制下，施工单位通过工程投标竞争，取得承包合同后，以其技术和管理的综合实力，通过制订最经济合理的施工方案，组织人力、物力和财力进行工程的施工生产活动，以求在规定的工期内，全面完成质量符合业主明确标准的施工任务。通过工程移交，实现其生产经营目标。因此，施工单位是将建设项目的、建设意图和目标转变成具体工程目的的生产经营者，是一个项目实施过程的主要参与者。

在社会化大生产和专业化分工条件下，施工行业从其生产特点出发，推行多种模式的承发包体制，不同专业性质和不同施工能力的施工企业，通过招投标和合约过程，结合成相互联系相互制约的施工生产组织系统，共同承担着一个建设项目的施工任务。

（六）材料、设备供应商

生产者包括建筑材料、构配件、工程用品与设备的生产厂家和供应商。他们为项目实施提供生产要素。其交易过程、产品质量、价格、服务体系等，直接关系到项目的投资、质量和进度目标。通过市场机制配置建设资源，是项目管理按经济规律办事的重要方面。在项目管理目标的制定、物资资源的询价、采购、合约和供应等环节，都必须充分注意到供应商与建设项目之间的这种技术、经济上的关联性对项目实施的作用和影响。

（七）建设监理单位

我国实行建设监理制，依照国际惯例的做法，社会监理单位依法登记注册取得工程监理资质，承接工程监理任务，为项目法人提供高层次项目管理咨询服务，实施业主方的工程项目管理。包括项目策划和投资决策阶段的咨询服务和项目实施阶段的合同管理、信息管理和项目目标控制。因此，监理单位的水平和工作质量，对项目建设过程的作用和影响也是非常重要的。

（八）政府主管与质量监督机构

公路工程产品具有强烈的社会性，政府代表社会公众利益，要依法对建设行为进行监督与管理，以保证工程建设的规范性及其质量标准。政府主管部门通过执行基本建设程序，对建设立项、规划、设计方案进行审查批准；政府主管部门设置工程质量监督站，实施工程施工质量监督。因此，在公路项目的决策和实施过程中，同政府主管部门及其派出机构等的联络沟通是非常密切的。在执行建设法规和质量标准方面取得政府主管部门的审查认可，是公路项目管理过程中必须遵守的规矩，不能疏忽和违背。

（九）质量检测机构

我国实行工程质量检测制度，由国家技术监督部门认证批准的国家、省、自治区、直辖市以及地区级工程质量检测中心，按其资质依法接受委托，承担有关工程质量的检测试验工作，出具有关检测试验报告，为工程质量的认定和评价、为质量事故的分析和处理、为质量争端和调解与仲裁等提供科学的测试数据和有权威性的证据。由此可知，公路项目同质量检测机构，同样也有密切的关系。

（十）地方政府与社会公众

公路建设点多、线长、面广，离不开地方政府与社会公众的支持与配合。如项目内部交通与外部的衔接，与农林、土管、矿产、财税、供电、供水、消防、环保、邮电、通信等部门的关系，都必须和地方政府的有关方面进行联络、沟通和协商，使建设项目的各个子系统能够按照规定的要求和流程，与外部相应系统进行衔接，为项目创造良好的外部环境。

此外，在公路项目的全面施工过程中，还必须得到周边近邻单位，包括附近居民及过往人员、车辆等方方面面的配合与理解，以创造良好和安全的施工环境，这都需要在项目管理中充分注意公共关系及做好沟通协调工作。

第三节　公路建设项目的影响因素

建设一个什么项目，从根本上说要取决于国民经济和社会发展的客观需要。如何建好一个有特定使用目的和功能要求的项目，取决于建设方案的合理选择。能否按既定的目标建成一个项目，又取决于建设项目实施过程中的组织管理方法和目标控制的效果。因此，从一个公路项目的提出，到这个项目的最终建成，必须了解分析对项目策划、决策、规划、设计、施工等活动内容、方法和实际效果的影响因素。把这些因素统称为公路建设项目的影响因素。

一、技术因素

技术因素，指公路建设项目本身的内在因素，它包括：

第一，项目的建设意图、使用功能和目的。

第二，项目的建设规模、内部工程系统的构成、生产技术工艺流程或项目使用功能的组织。

第三，项目的科技含量、复杂程度和特殊要求。

第四，项目沿线的地质水文状况与自然环境条件。

第五，新材料、新工艺、新设备、新技术等在公路项目中的应用程度。

以上各项决定了公路建设项目内在的技术特征，关系到项目的总投资，同时也对项目的设计、施工质量和工期控制提出相应的要求。公路建设项目的技术含量，特别是高新技术含量越高，对项目建设过程实施的组织管理和目标控制的要求也就越高，对项目策划者、设计者、施工者以及监理者的总体素质要求也就越高。

随着社会生产力的发展和科学技术的进步，现代公路建设项目，尤其是高速公路项目，其技术特征也将更加突出。也就是说技术的发展，影响着公路建设项目的投资规模、施工工艺、使用功能；影响决策、设计和施工活动的方式方法和工程质量、建设进度等目标。

二、社会因素

社会因素，即公路建设项目的外在因素，它包括以下五项：

（一）宏观政策

基本建设投资规模、投资结构和社会生产力布局的宏观政策，关系到一个具体建设项目的投资机会，关系到建设方案和建设地点的选择。也就是说一个建设项目不仅要有投资来源，而且投资必须纳入国家基本建设投资总规模进行考虑，还必须符合国家经济结构和产业结构的要求。公路建设项目还必须按照国家综合运输规划网络的要求，确定主要控制点和路线的走向。

（二）公路科技发展水平

它包括项目的策划、规划设计的总体水平和公路施工技术与组织管理的总体水平。在以往科技和生产力不发达的年代，既无能力设计出具有现代设施与功能的高速公路，也无相应施工设备和手段满足建设需要。近年来，我国的公路科技水平有了很大提高，许多新技术、新工艺、新材料、新结构、新设备得到了充分应用，绝大部分技术达到了国际先进水平。遥感技术、路线控制、地理信息系统（简称3S技术）在公路勘测中得到应用；改性沥青、新型沥青混合料在公路建设中得到应用；水泥混凝土路面在传统的摊铺法施工的基础上，发展了碾压式混凝土路面（RCCP）和滑模摊铺水泥混凝土路面等设计、施工新技术；同时，在公路路基、公路CAD、公路规划评价理论、现代施工技术装备和公路项目管理等方面的技术水平也达到了一个新的高度。

（三）工程承包市场的培育程度

工程承发包市场采用招标承包制，使竞争机制得以发挥。优胜劣汰以及风险压力，促使工程承包商和材料、构配件、设备等生产要素供应商注重提高技术、降低成本、保证质量、完善服务，这是公路建设项目外部的重要环境因素。在过去的计划经济体制下，公路建设任务靠行政手段进行分配，建设物资靠计划指标随着项目投资指令下达。设计、施工、物资单位，可以说都只有兵的概念，服从上级指派调遣；无商的意识，不讲效率和效益。因此，公路建设项目的实施都缺少应有的内在活力和遵循客观规律办事的动力机制与约束机制，严重阻碍了公路项目投资的经济效益和社会效益，也损害了项目各参与实施单位的合法利益和权益。改革开放和社会主义市场经济体制的建立，以及项目法人主体、设计、施工单位经营机制的转换，为公路建设创造了市场条件，促进了建设项目管理的思想观念、组织制度、方法手段的新变化，也给公路建设项目管理方式与国际惯例接轨带来了可能性。

（四）项目所在地区的技术经济条件和社会条件

一个公路项目的实施，特别是施工阶段，应该因地制宜，充分利用当地的技术经济条件，既有利于降低工程成本，节约建设投资，又有利于促进当地施工行业的发展和生产要素市场的繁荣，使建设项目对所在地区产生良好的经济效益和社会效益。由于各个地区的技术经济基础和条件不同，例如施工企业的资质结构，总体技术水平和管理能力，劳动者的素质，地方资源的开发，建材、构配件的生产和加工能力，施工机械设备的生产、租赁、维修保养的厂家情况等，这都直接关系到建设项目对地区技术经济条件利用的可能性和利用的程度。项目与地区之间在供电、供水、交通运输、通信设施的连接并网条件等，也是项目建设过程的重要因素。

（五）项目投资者或决策者的主观追求

例如公路等级的选择，路线起讫点和控制点的确定，交通服务设施的要求等，固然有其内在的设计规律和相应的技术规格标准作为策划和设计的依据，然而在诸多方案都能满足基本使用功能的情况下，具体方案的选择，在风格、档次、价值观念等的追求方面，还是因人而异，因投资者的经济实力而异。在计划经济年代，缺乏投资责任制，往往出现争投资、上项目，敞开花钱，缺乏论证，造成项目投资失控，基本建设总规模膨胀、比例失调。现在实行项目法人责任制，项目法人要对投资负责，固然可以起到遏制浪费、讲求投资效益的作用，但项目投资决策者的主观意志仍然是一个重要的影响因素。

第四节　公路建设项目管理

公路建设项目管理是为使项目取得成功（实现所要求的质量、所规定的时限和费用）所进行的全过程、全方位的规划、组织、控制与协调。公路建设项目管理的职能同所有管理的职能是相同的。需要特别指出的是，由于公路项目的一次性，项目只能成功，不许失败，这就要求项目管理的程序性、全面性和科学性。要运用系统工程的观念、理论和方法进行管理。管理学的一般原理在公路项目管理中也是适用的。项目管理的目标就是项目的目标，该目标界定了项目管理的主要内容，即"三控制、二管理、一协调"，即进度控制、质量控制、费用控制，合同管理、信息管理和组织协调，以及与上述"三控制"相适应的配套管理工作（如物资、设备、技术、劳务等方面的管理工作）。

一、公路建设项目管理的要求

公路作为国民经济的基础设施，其项目管理有以下四项要求：

（一）实行工程质量行政领导人责任制

对基础设施项目工程质量，实行行业主管部门、主管地区行政领导责任人制度。中央项目的工程质量，由国务院有关行业主管部门的行政领导人负责；地方项目的工程质量，按照项目所属关系，分别由各级地方政府行政领导人负责。如发生重大工程质量事故，除追究当事单位和当事人的直接责任外，还要追究相关行政领导人在项目审批、执行建设程序、干部任用和工程建设监督管理等方面失察的领导责任。

（二）实行项目法人责任制

基础设施项目，除军事工程等特殊情况外，都要按政企分开的原则组成项目法人，实行建设项目法人责任制，由项目法定代表人对工程质量负总责。凡没有实行项目法人责任制的在建项目，要限期进行整改。项目法定代表人必须具备相应的政治、业务素质和组织能力，具备项目管理工作的实际经验。项目法人单位的人员素质、内部组织机构，必须满足工程管理和技术上的要求。

（三）实行参建单位工程质量领导人责任制

勘察设计、施工、监理等单位的法定代表人，要按各自职责对所承建项目的工程质量负领导责任。因参建单位工作失误导致重大工程质量事故的，除追究直接责任人的责任外，还要追究参建单位法定代表人的领导责任。

（四）实行工程质量终身责任制

项目工程质量的行政领导责任人，项目法定代表人，勘察设计、施工、监理等单位的法定代表人，要按各自的职责对其经手的工程质量负终身责任。如发生重大工程质量事故，不管调到哪里工作，担任什么职务，都要追究相应的行政和法律责任。

二、公路建设项目管理的特点

根据对公路建设项目的定义，并参照世界各国有关工程项目管理的资料，对构成公路建设项目的主要条件及其特点概括如下：

第一，按是否属于一个总体设计或初步设计范围，是否统一核算、统一管理作为划分公路建设项目的基本依据。

第二，工程项目有明确的目标任务。主要有：建成工期目标；按质量标准和设计要求完成项目，达到交付验收使用标准；投资控制目标，即项目必须在预算投资控制范围内完成；安全生产，安全营运目标。

第三，必须是兴工动料的施工活动。

第四，公路建设项目是按任务，而不是按职能组织起来的，任务是一次性的，或者说每次任务都具有区别于其他任务的特点，需要专门的可行性研究、专门的设计、专门的施工组织与管理。每个项目都有其时间、地点、技术、经济等特殊性，不可能像工业产品一样重复批量生产，因此需要运用项目管理理论和方法，因地制宜，重视项目特性，采用不同的管理方法。

第五，尽管公路建设项目的类型繁多，但项目的建设程序是一致的。即经过规划立项、可行性研究、设计、施工、项目总结评价等阶段。而项目管理就是以工程项目为研究对象，对项目建设的全过程的管理活动。

三、公路建设项目管理的内容

公路建设项目管理是以公路工程项目为研究对象，按项目组建管理机构，对项目实施管理，项目完成后，其管理机构随之撤销的一种管理方法。

广义的公路项目管理，包括从规划、立项到交付使用后评价的全过程的管理，主要包括以下工作内容：

第一，确定项目建设意图。

第二，调查研究，如交通量调查，工程地质、水文地质勘察，地形测量，科学研究，工程和工艺技术研究试验，地震、气象、环境保护资料收集及各类建筑材料供应调查等。

第三，路线走向及主要控制点的确定。

第四，公路项目可行性研究，包括预可行性研究和工程可行性研究两个阶段，在技术、经济和生产力布局上对公路工程项目进行可行性论证，并比较多方案，推荐最佳方案，为投资决策和进一步编制设计任务书提供依据。

第五，投资决策和资金筹措。

第六，编制项目建设规划。

第七，编制设计任务书。

第八，评选方案和委托设计。

第九，进行项目设计和审批，包括初步设计、施工图设计。

第十，项目施工。

第十一，项目交（竣）工验收、交付使用和后评价。

以上这些过程，有些是依次进行的，有些是平行交叉进行的。在投资决策以前的各项工作，属于建设项目投资决策阶段研究的范畴；投资决策以后的工作，属于建设项目实施阶段研究的范畴。

狭义的公路建设项目管理，是指公路项目实施阶段的管理。在该阶段，以实施管理的参与者来划分，主要有业主的项目管理、监理方的项目管理和施工单位的项目管理。本书重点研究业主方面的项目管理。对于同一个公路项目，上述各方的管理任务和管理目标是不同的，同时各方之间需要建立起相互制约、相互协作的关系，这种关系是通过经济合同的形式来体现的。

第二章 公路建设规范化管理技术体系

第一节 公路建设规范化管理技术体系的理论

一、系统论

（一）系统论的概念

系统论是科学高度发展的产物，它提供了一种符合复杂系统特点的科学的思维方式，对于理解复杂系统具有重要的指导价值。它随着社会的发展、企业环境的变化而变化。只有用系统思维才能构建科学的胜任力模型结构。

英文中"系统"一词来源于古代希腊文，意为部分组成的整体。而今，对于系统的定义已多达几十种。人们从各种角度对其进行了阐述。通常把系统定义为：由相互联系、相互作用的许多要素结合而成的，具有特定功能的统一体。而系统、要素、结构、功能这四个概念被包括在了这个定义之中，这揭示了系统内部各要素之间、系统整体与内部要素及外部环境之间的关系。系统论认为所有系统都具有整体性、关联性、等级结构性、动态平衡性、时序性等。基本特征系统论的奠基者贝塔朗菲强调，任何系统都是一个有机的整体，其中的各个组成部分是紧密相关、相互作用的，其整体功能大于它的各部分之和。将所研究的对象视为一个系统，探究系统内部的组成及特性，分析系统功能及系统、要素、环境三者之间的相互关系，总结系统与内外部环境间的关系变动规律性，进而优化系统整体功能。系统的类型是多种多样的，对其的划分可以按不同的原则和情况。按系统生成的原因分类可划分为自然系统、人工系统、复合系统；按系统的构成内容分类可划分为实体系统、概念系统；按系统与环境的关系分类可划分为闭系统、开系统；按系统状态对时间的关系分类可划分为静态系统、动态系统；等等。系统论的任务在于认识系统的特点和规律，并通过这些规律去控制、完善或创造系统，使系统的发展满足系统存在的目的要求。

（二）系统具有六种基本特征

1. 系统的整体性

系统的整体性指的是系统是由若干个要素组成的具有一定新功能的有机整体，而各要素作为系统的子单元一旦形成了系统整体，就具备了单独要素所不具有的特性和功能，从而形成了系统新的性质，使系统表现出了各要素简单累加所不能达到的整体的性质和功能。从事物存在的方面看，一个系统之所以区别于另一个系统是因为系统都是作为一个整体而存在的，是由系统所需的各个要素按照合乎逻辑的规律，有机组成的一个整体。系统各个要素之间存在着相互依存而又相互制约的关系，具体表现为各要素之间进行的物质和能量的相互交换。系统作为一个有机的整体，任何一个要素的改变都会对其他要素产生影响从而导致系统整体性的变化。

2. 系统的结构性

系统的结构性是指系统各个要素之间的互动渠道、构成顺序及其在空间和时间上的表现形式，同时它决定了系统的整体性能。而任何系统都具有比较稳定的结构，系统的结构不同，系统的质的规定性就不同，系统就有质的区别。从这一角度来说系统又是要素和结构的统一。从形成系统整体性能来看，系统的结构反映了系统中各个要素相互联系、相互制约使得系统具有了整体行为，而结构相较于要素更具有决定性的作用。合理的结构对系统的发展和系统要素的发挥都起到了促进作用。系统的结构性对系统结构的优化提出了要求，以实现系统功能发挥的最大化。

3. 系统的层次性

系统的层次性是指由于组成各系统要素在其组合方式等方面的差异，使系统内部结构在地位及功能上显现的等级秩序性。系统的层次之间存在着从属关系，低层次的系统组成了高层次的系统，而高层次的系统包含着低层次的系统，低层次从属于高层次。而系统各层次之间是一种整体和部分、系统和要素之间的关系，各层次之间相互区分又相互联系，不仅是相邻上下层之间受到相互影响、相互制约，而是多个层次之间发生着相互联系、相互作用，有时甚至是多个层次之间的协同作用。系统的层次性具有多样性。层次的划分可以通过不同的角度进行，例如时空尺度、组织化进程、运动状态或是历史长短等。

4. 系统的开放性

系统的开放性是指系统不是一个封闭的整体，它需要不断与所处环境进行交换以实现系统的稳定发展。只有开放的系统才可能自发组织起来向更有序的状态发展。而现实的系统都是开放系统，系统总是处于与环境的相互联系和相互作用之中，通过系统与环境的交换，潜在的可能性就有可能转化为现实性，转化为现实的东西，因而也就是具有发展潜力的系统。系统开放、系统与环境的作用是相互的，这就同时意味着，内因和外因的作用也是相互的。现实的系统总是存在不同程度的开放性，总是发生着系统与环境的相互联系和相互作用。由于系统层次的相对性，使系统的开放性不单单是面向外部环境的，它同时向系统内部开放从而产生对系统整体性的影响。

5. 系统的自组织性

系统的自组织性是指开放的系统在内外部环境共同的非线性相互作用下，内部要素向着偏离稳定状态的方向发展，当某些偏离对系统的稳定产生大范围的影响时，系统会自发组织起来对系统内部进行调整，使重新形成有序稳定的状态。系统的自组织其实就是系统进化的过程，本质上体现的是系统的和目的的发展，而自组织真正得以实现的内在根据则是系统内部的复杂的相互作用，这是非线性相互作用。

6. 系统的目的性

系统的目的性是在系统发展的变化之中表现出来的。系统是开放的系统，在系统与环境、高层次系统与低层次系统之间不断地开放及交换物质、能量和信息的过程中，系统的潜在的发展能力得以表现，所谓的目的性也就表现于其中。真正的系统的目的性，实际上是系统发展变化的阶段性与系统发展变化的规律性的统一。而对于系统目的的控制就是在一个事物可能性空间中进行有方向也包括有层次的可能的选择，这种选择在系统尚未发生重大变更时就采取措施，从而实现有效的控制。公路工程系统观认为：工程本身是一个系统，它的构成要素是人、物料、设备、能源、信息、技术、资金、土地、管理等；各构成要素之间以合乎逻辑的规律有机地形成了一个整体；工程与它的外部环境（自然、经济、社会等）是一个包括工程在内的更大的开放系统。公路工程建设管理技术体系必须实现工程内部层次之间的和谐，实现工程内部环境以及内部和外部的系统和谐，同时这个体系也是一个动态的体系，这种动态的更新过程主要通过评价反馈机制来实现。

二、执行控制理论

人类认识客观世界和改造世界的历史进程，总是由低级到高级、由简单到复杂、由表及里的纵深发展过程。在控制领域方面也是一样，最先研究的控制系统都是线性的。例如，瓦特蒸汽机调节器、液面高度的调节等。这是由于受到人类对自然现象认识的客观水平和解决实际问题的能力的限制，因为对线性系统的物理描述和数学求解是比较容易实现的事情，而且已经形成了一套完善的线性理论和分析研究方法。

随着科学技术的不断发展，人们对实际生产过程的分析要求日益精密，各种较为精确的分析和科学实验的结果表明，任何一个实际的物理系统都是非线性的。所谓线性只是对非线性的一种简化或近似，或者说是非线性的一种特例。

非线性控制理论作为很有前途的控制理论，将成为21世纪控制理论的主旋律，将为人类社会提供更先进的控制系统，使自动化水平有更大的飞跃。

控制系统有线性和非线性之分。严格来说，理想的线性系统在实际中并不存在。在分析非线性系统时，人们首先会想到使用在工作点附近小范围内线性化的方法，当实际系统的非线性程度不严重时，采用线性方法去进行研究具有实际意义。但是，如果实际系统的非线性程度比较严重，则不能采用在工作点附近小范围内线性化的方法去进行研究，否则会产生较大的误差，甚至会导致错误的结论。这时应采用非线性系统的研究方法进行研究。

非线性系统的分析方法大致可分为两类。运用相平面法或数字计算机仿真可以求得非线性系统的精确解，进而分析非线性系统的性能，但是相平面法只适用于一阶、二阶系统；建立在描述函数基础上的谐波平衡法可以对非线性系统做出定性分析，是分析非线性系统的简便而实用的方法，尤其在解决工程实际问题上，不须求得精确解时更为有效。

三、公路建设执行控制理论

从管理理论到管理实践提出了执行控制理论。执行控制是完成任务、将具体计划付诸实现的学问，是管理中不可或缺的重要环节。执行控制理论包括三个核心要素——战略要素、人员要素、运营要素。执行控制理论是将三大要素有机结合的理论。

（一）战略要素与执行控制

制定战略和目标是企业发展和实施管理的根本出发点，执行控制的意义在于实施正确的战略，实现管理的目标。执行的对象是战略，执行的意义在于把战略做正确，执行结果的意义在于实施正确的战略，实现既定目标，因此，正确战略的制定至关重要。战略制定是管理者战略眼光的诠释，合理可行的战略，一方面要求战略必须适合于具体的竞争环境，另一方面要求管理者制定战略时必须考虑战略执行的可行性和彻底性。战略必须与执行相匹配，管理者制定战略后也需要参与执行。在战略执行中，只有管理者及时、准确地发现战略存在的问题并进行严格的控制，依据执行状况及时纠正执行偏差和调整战略，才能保证战略目标的实现。如果管理者角色定位错误，忽视执行效果，等到发觉战略不能执行再调整，已经造成结果的失败。为了更好地理解战略要素的基本内涵，以下提出有效执行和控制的步骤：

1. 量化目标

重大的战略和远大的目标经常压得人喘不过气来，譬如"创造世界一流企业""成为行业企业的领跑者"等。量化目标能将企业虚无缥缈的梦想转换成具体的、可行的目标。

2. 宣传战略

战略是企业经营的核心，必须让所有员工清楚企业的战略目标。然而战略本身是复杂的，因此企业必须用简单、直接的口号传达战略的精髓，将战略融入员工的生活。当福特汽车品质遭受质疑时，他们打出了"品质是优先要务"的口号，使员工明白公司的质量战略。当工程质量管理出现松懈时，开展质量管理活动年活动。

3. 强调效果

管理者制定明确的执行内容、设定目标实现的阈值作为警讯之用，并采用管理手段和工具来衡量重要指标。落实部门、人员，限制时间、明确质量标准或完成的经济指标作为行动的效果。

4. 落实重点

执行者的时间、精力都是有限的，只有把时间和精力集中到重点工作去才能把事情做好，一般的员工原本工作就已繁重不堪，做起工作只能草草了事。因此，当企业采用新战略，就应该毫不犹豫地取消无须完成的战略，而不应该是单纯地增加的战略，这样，才能使员工做事时不失去焦点。

5. 清楚执行

明确目标和焦点之后，必须组织员工学习，要让员工明白战略的意图和目标，这样才能使员工明白什么工作才符合战略需要，这样才能保证工作有的放矢。同时，管理者要将绩效考核和战略评估的标准与战略目标进行结合，对出现的问题和偏差及时纠正，才能确保战略执行最后成功。就如士兵打仗一样，指挥员懂得战略部署，士兵准确执行攻防要领，才能保证打胜仗。

6. 信息管理

企业管理应该利用信息化网络工具控制工作质量、进度、经济状况，掌握战略运营活动是否偏离战略目标等。另外，利用信息化系统进行考核和评估，应做到预先控制风险。利用高效的信息化管理，既可以让企业高阶主管清楚掌握企业的运行，也可以让企业高阶主管把宝贵的时间花在更为重要的决策活动上，制定新的发展战略。

7. 责权利一致

责任与义务、权力与行为、名誉与效益三者之间相辅相成、互为制约。在管理活动中，只有责权利协调一致，有多大的权力，获得多大的利益，就得负多大的责任，才能调动积极性。如果责权利失衡或权力失去监督，就会造成利益的扩大化，并造成严重的管理问题。

8. 吸收新技术

新技术的开发和利用是制定管理战略重要的内容，同时，新技术也是高效率执行的保障。企业内部核心技术保障企业发展战略立于不败之地，吸收外部新技术保障企业与社会的紧密结合。另外，新技术包含日新月异的资讯，仅靠内部资讯无法保障管理活动在正常轨道上运行，只有内部创新、内部资讯与外部新技术、外部资讯相结合的情况下，战略与执行之间才能良性互动并保证管理立于不败之地。

（二）人员要素与执行控制

人员要素是执行控制的主体，是执行控制理论战略、人员、运营三大要素的核心，因为从战略制定到战略转化的运营都依靠人员要素去实现。如果人员要素不完善或出现问题，就无法实现战略的高效执行和对运行结果的有效控制。

1. 人员要素的目标

健全的人员要素具有三项目标：一是准确评估每个集体、每位员工；二是配合组织未来战略执行，建立培养各类人才的架构；三是健全接班计划的基础、充实领导人才储备库。

2. 人员要素的重点

（1）知人善任

知人善任，包括知人与善任两个相互联系的层面。选贤务必知人善任。知人就是要了解人，要选择具有执行力的人，其特点是：工作主动、注意细节，为人诚信、有责任感，善于分析、有判断力，乐于学习、有创造力，刻苦耐劳、有团队精神和求真求胜欲望；善任就是要用好人。知人是善任的前提，善任是知人的目的；通过知人以达到善任，又在善任中进一步知人、识人。能否真正做到知人善任，既是对一个单位领导者品行修养与领导能力的检验，也直接关系到一个单位事业的兴衰成败。经营者要真正做到"善任"，首先应该从事业的全局出发，充分考虑人才的具体特点，把他放到合适的岗位上。假如不把个人的才能用到最能发挥其作用的地方去，那对人才是一个压制，对事业是一种极大的浪费。每个人的长处和才能各属特定类型，有的擅长分析，有的擅长综合，有的擅长技术，有的擅长管理，有的精通财务，有的善于交际，特定类型的才能应与特定的工作性质相适应。工作对人的要求不同，才能与职务应该相称，给予他的职务应最能刺激他发挥自己的优势。职务以其所能和工作所需结合而授，叫"职以能授"，这样，既不勉为其难，也不无所事事。扬其所长，其工作自然积极，管理效能也必然提高。

（2）用人不疑

这里的"疑"，是不分明，不确定，不相信，有疑心。大概意思是：对感觉不错的认为可用之人，就放心使用、大胆使用，在使用过程中也不必有疑虑；对感觉靠不住、没把握、不放心或认为有问题的人，不能使用。还可以解释为：用了人就不要对人不放心，怀疑人就不要用人。对员工的不信任，直接挫伤的是员工的自尊心和归属感；间接的后果是会加大企业离心力。如果管理者能进行换位思考，与员工建立起彼此信任的关系，在企业建立起一个上下信任的平台，无疑会增加员工的责任感与使命感，激发员工内在的潜能。

（3）人尽其才

企业用人还要善于量才使用，就是根据各种不同性质、不同层次工作的不同需要，按照各类人才的实际才能和智能特点，进行合理的安排和使用，使人尽其才，事尽其功。因为，每个人都有不同的特点和专长。如有的人擅长组织管理，有的人擅长搞科研，有的人擅长演讲、教学，有的人擅长文艺表演，等等。领导者必须在了解、分析每个人的德才情况和工作性质、任务等情况的基础上，根据工作需要和人才素质情况，安排适当的工作、相应的职能，真正做到量才使用、职能相宜。绝不能大材小用，使人的才能得不到充分发挥，造成人才浪费；也不能小材大用，使其力不胜任，勉为其难，贻误工作。

3. 健全人员要素的关键做法

健全的人员要素确保组织的长期人才需求。其关键做法为：

（1）人员要素与企业战略目标的统一

人力资源管理作用于企业绩效最为关键的两个环节是：一是人力资源管理在制定和实现企业战略中的地位和作用；二是人力资源管理与企业绩效的相互作用关系。过去，人们并没有将人力资源管理作为影响企业战略目标制定的一个重要因素，仅被当作确定或选择战略目标的手段。这是基于这样一个假定，即人比战略的适应性强。因而，让人适合战略，而不是使战略适合于人。其结果是，在很大程度上限制了人力资源对企业提高绩效的贡献。任何一个战略都要由人去执行实施，因此，任何一个战略在制定过程中，必须充分考虑到企业现有的人力资源以及外部人力资源状况和从外部可获得的可能性。这些从根本上决定与制约了企业发展的目标方向和水平。人力资源战略管理的提出与实施，反映了人力资源战略与企业经营战略之间的相互依存的关系。战略性人力资源管理强调将人力资源管理与企业的战略性目标联系起来，使人力资源管理在企业的战略形成、战略执行之中发挥重要作用，突出了人力资源管理在现代企业管理中的地位与作用。现在人力资源管理工作被看作是能够创造价值维持企业核心竞争能力的战略性部门。人力资源管理也因企业的全面变革而发生深刻的、全方位的变化。

（2）进行人员流失风险分析，构建人才储备库

人员流失的原因有三种。一是社会主义市场经济，社会为销售人员提供了广阔的创业空间；二是企业竞争激烈，互相争夺人才资源；三是企业内部用人机制不尽完善而导致的人才流失。对于企业发展来讲，百年大计，人才为先。为适应企业健康有序快速发展的步伐，人才战略势必提到企业百年大计之首要任务上来。一般来讲，一个企业的人才库架构，应该分为三个层次：高层人才库、中层人才库、基层人才库，即人才梯队。有些企业除此之外，还需要专门构建专业技术型人才库和储备人才库。如果企业希望建立一支合格的人才梯队，在需要人才的时候，永远有合适的人选，就必须明确企业现阶段及未来所需的人才种类，合理地从社会和企业内部予以引进、培养和储备人才，并定期对企业已聘人员进行评估和管理，调整、安排好人才的职务，提拔有实力的员工，确保他们是工作在最适合自己的职位上，从而发挥其最大潜力。

（3）处理绩效差的员工

对人来说，差别就是一切。通过不断地识别人的差别，持续地进行区分和淘汰落后者，从而使个人走向卓越，使组织趋于完美。作为绩效管理的一个强化手段，迫使各级管理者做出决定，向下属传递明确的绩效信息，使下属认清自己在组织中的位置，从而不断改善绩效。

（4）人员要素与企业经营成果相联结

在现今的企业管理中，人力资源占据了更为重要的位置，只是其所扮演的角色有了显著的变化。现代企业的管理必须将人力资源与管理流程进行充分的整合，并将其与战略、运营及人员评估相衔接。相较于传统的人事功能，人力资源向着更着重雇佣向导的方向发展，同时也成为推动组织前进的动力。

（三）运营要素与执行控制

战略要素指出管理目标和努力方向；人员要素提出战略目标的执行者和控制者；运营要素则是将长期目标分解为短期目标，并为执行控制主体指明路径。

运营要素始于确认关键性目标，目标的设定过程是由外而内、由上而下的。所谓由外而内，是指这些目标的设定必须反映经济环境与社会关注焦点，同时也能借以让投资人明了，目标的实现能给他们带来多大的收益。由上而下则代表目标的设定是由整体到局部，也就是由企业整体着眼，进而分解成不同目标的子集合。

运行要素是指人员要素具体执行战略要素的过程与方法，是执行控制的具体方法，战略目标需要通过运营过程才能实现。运营要素主要包括价值活动运营计划与管理、资产配

置与产出。价值形态管理是运营管理的外在理念表现形式，同时企业的运营活动离不开各种人力、物质等资源的科学管理和合理配置，物质和精神两方面相辅相成、互相促进。

1. 制订运营计划

企业运营计划的制订要注意以下四点：

①价值形态管理。企业内部的工作人员拥有相同的价值观将有利于企业战略目标的执行控制。

②结合考虑战略，在现有的人力资源管理制度下，制订一份运营计划，加强对战略的执行。

③对运营计划进行评估，确保参与人了解自己的职责和任务，并进行跟踪督促。

④做好运营过程中的各部门沟通协调。

2. 资源配置与产出

资源优化配置是资源配置的理想状态，指的是能够带来高效率的资源使用，其着眼点在于企业内部的人、财、物、科技、信息等资源的使用和安排的"优化"，资源配置是否优化，其标准主要是看资源的使用是否带来了生产的高效率和企业经济效益的大幅提高。

综上所述，执行控制的三大要素战略要素、人员要素、运营要素是管理系统中相互联系、不可分割的整体。一方面，战略要素对人员要素和运营要素具有指导作用。因为，无论是人员要素中的岗位设置、人员配置、绩效管理、激励机制，还是运营要素中的价值活动、资源配置都是以战略目标为出发点，其目的都是更好地执行战略要素。另一方面，三大要素必须相互协同、紧密配合才能最终实现战略目标。三大要素整合的效果直接影响着执行力的强弱。因此，将这三大要素有机地结合起来，是提高管理执行控制水平的关键。

第二节　公路建设规范化管理技术体系的框架

一、公路建设工程技术与管理技术

实现公路工程建设目标既需要公路工程技术的支撑，更要规范应用公路工程技术的方法论，工程技术及其应用的方法论是公路建设管理技术体系的基本内容，而实现工程建设目标是构建管理技术体系的根本。由于公路工程、管理、技术三个关键词均具有明确社会性特征，三者的社会性决定了公路建设管理技术的社会性，因此，基于执行控制理论而构建的公路建设管理技术体系既要充分考虑具体管理的有效执行，又要时刻牢记对工程建设目标实现的有效控制。

（一）公路工程技术与管理技术

公路工程技术也称为公路建造技术或生产技术，是将科学知识或技术研究成果与工程建设实践相结合，将理论充分运用到实践中去，达到改造自然的预定目的的方法和手段。工程技术虽然出自科学理论，但它不是纯粹的理论知识，而是能够应用于工程建设实际的理论，属于工程的技术要素。工程技术并不是独立发挥其作用的，它存在于一定的物化过程，如在工程建设过程中，被不同的领域所运用并发挥其作用，最终若干工程技术系统集成便形成了工程的物质形态，工程技术的实践效果就体现在工程之中。相对于工程而言，技术活动是工具性、手段性活动，其任务是发明一种方法，创制一种工具，创造一种手段，等等。总而言之，工程技术为工程建设的具体实施提供了依据与方法。

管理建设管理技术是将公路建设过程的各种人力、物力、财力、技术及信息进行合理配置，从而达到工程建设预期目标的一套管理手段和方法。在工程建设中，将管理技术作为方法论运用于工程建设的管理，有利于工程建设的规范化运行。工程管理技术是一门软科学，它更多地体现在工程建设的管理制度当中，更加侧重于对人的管理。作为一种非物质的科学生产力，工程管理技术偏重于调动参与工程人员的生产力，以更好地实现工程建设目标。公路建设管理技术体系是指保证工程参建各单位和各岗位人员严格遵守国家颁布的法律法规和管理者制定的各项制度、契约，以实现项目预期建设目标的一整套管理理念、理论、方法和措施。工程管理技术体系提供的方法和措施使工程建设得以有序顺利进行。

（二）公路工程技术与管理技术的关系

公路工程技术是管理技术最基本的物质载体，只有在这一载体之上，管理技术才可能发挥其作用；而管理技术则是工程技术应用的方法论，只有在运用了这一方法论的基础上，工程技术的应用才能够达到工程的需要。对于具体工程而言，工程技术是工程建设的基本，具有重要的作用，技术的缺乏会影响整个工程的进行。但是，同时要对技术的地位具有清楚的认识，切忌陷入"技术决定论"之中。虽然工程技术在工程建设中具有重要的意义，但是工程建设并不是自始至终只以技术为向导的，也就是说技术只是工程建设过程中的指导之一。公路建设并不是一种简单的技术活动，它的运行需要对多方因素进行全面的考量，可以说工程建设是在工程技术与多方社会因素共同影响下的产物。工程建设涉及了多个知识领域，是自然科学知识、社会科学知识与人文学科知识三大知识领域相互影响下所形成的活动。因此，从这一角度上理解工程建设，即工程建设是一种技术行为，也是一种管理行为,其管理技术是通过各种手段和方法将工程技术进行系统集成优化,并使工程技术执行按既定目标进行控制。

工程技术的实施并不是简单地提出,而是要对技术的执行进行严格的管理、有效的控制,使技术的实施满足工程需求,同时应用相应的方法和步骤,最终使工程技术的实施与预期建设目标一致。也就是说,最终能否达到既定目标依靠的是管理技术。从社会工程学角度来说,"商鞅变法"是一项工程技术,"徙木立信"则是管理技术,只是两者的有机结合,才能够达到管理的最佳效果。可见通过工程技术与管理技术有机结合而形成的工程管理活动是一种集成的综合性的活动。工程管理活动的集成性、综合性就要求它将各种技术手段集成起来,通过与工程组织结构和运行情况的有机结合,构建一套动态运行网络和规范化管理程序,以建立一个适应工程建设的特定环境的工程管理结构,最终实现整体目标。

(三)公路工程技术与管理技术的创新

公路工程技术与管理技术的创新是公路建设发展的需要。我国工程技术的创新较好地将理论与实践相结合,创新途径主要是通过将工程单位的实践经验与科研机构和高校的理论研究相结合,由三者共同研究、共同总结获得新的成果以应用于实践中;而技术管理的创新则在于理论与实践的结合,它来源于工程管理者的经验和科研机构的研究和总结。

二、公路建设规范化管理技术体系的构建思路

建设管理技术,是指在建设管理中应用的各种定量和定性分析的具体技术手段。管理技术从字面上理解似乎与现代化的各种统计、预测、决策模型密不可分,但是本文的管理技术是立足于现代技术的管理思维升华。

公路建设管理技术是指将公路工程的各种人力、物力、财力、技术及信息进行合理配置,以实现公路工程建设预期目标的管理手段和方法。管理技术实现工程管理理论、方法、手段与工程建设技术的有机结合,是科学应用工程建造技术,实现公路工程目标的方法论。

公路建设管理技术体系是正确应用工程世界观和方法论,保证公路工程参建各单位和各岗位人员严格遵守国家颁布的各项法律法规和规章制度,应用工程技术规范、标准,开展创新研究,并实现项目预期目标的一整套管理理念、理论、方法、措施。公路建设管理技术体系是基于公路建设执行控制管理理论为基础,以合同化、格式化、程序化为核心管理技术的应用工程技术的方法论。

公路建设规范化管理技术体系应用工程全寿命精品建设观和执行控制管理方法论,将公路工程建设法规、技术规范、技术标准进行系统化、制度化、精细化的合同化、格式

化、程序化管理是公路建设规范化管理的核心技术。目标管理规范、内容管理规范、内容执行规范、执行手段规范的多维度统一，是公路建设规范化管理的实质内容。以公路建设管理执行控制理论为基础和核心，管理技术为基本骨架，构建公路建设规范化管理技术体系。

在公路建设管理技术体系化过程中，将公路工程建设管理技术中各要素及技术原理自身规范化、系统化，并使各原理之间相互关系规范化、协调化，由此使公路建筑管理技术原理及相互之间形成内在的有机联系，进而使这种联系渗透并贯穿整个建设管理体系。同时，贯彻了执行疏导和效果控制相结合的体系文化，将高标准实现建设目标作为自觉的常态化工程活动。在开展公路建设管理过程中，任何缺乏系统性或体系化的管理或技术都不能称为规范化管理。

三、公路建设规范化管理技术体系的基本框架

（一）框架构建基本原则

构建公路建设规范化管理技术体系应遵循以下基本原则：

1. 系统性原则

公路建设规范化管理技术体系作为一个独立的系统，它的构建就要求处理好整体与局部及整体中各部分之间的关系，对整体与局部及整体中各部分有一个充分的认识，保证系统的关键线路及重要部分均处于最优。

2. 循序性原则

公路建设规范化管理技术体系的构建，是一项复杂的系统工程，不可一蹴而就。打造一个科学有效的规范化管理技术体系是一个长期的动态的过程。随着工程建设实践情况的变化，体系需要随之调整并采取相应的对策与运作模式以应对情况的变化。只有能够随时应对不同情况并进行调整，才能显示体系的灵活性和生命力。

3. 适应性原则

公路工程建设项目涉及多个技术领域，其建设内容构成复杂，建设项目之间由于建设时间及地域的差异而形成了项目自身的独特性，同时建设环境与利益相关者的影响也同样复杂多变。公路工程建设项目的特点决定了适应性和针对性相结合的原则是公路建设规范化管理技术体系的构建应充分考虑的因素。通过对两者的结合，使体系的运行根据项目的实际情况随时调整，以适应环境的变化。适应性具体表现为内容可拓展性、目标可调整性、方法灵活多样性。

4. 效率性原则

该体系建立的最终目的是确保建设目标的有效实现及建设项目的顺利进行。为实现体系建立的目标，体系的构建要强调体系的可操作性、实用性及全员参与性。公路建设规范化管理技术体系的构建既总结了公路建设管理的普遍性原理，又与具体项目的实际情况相结合，一切从实际出发，注重可行性与科学性相结合，提高全体员工的参与意识，从而提高项目建设管理的效率和水平。

（二）规范化管理技术体系的基本框架

公路建设管理技术体系以公路建设执行控制管理理论为基础，通过执行控制理论的内涵、构成要素及系统分析，从目标管理规范、内容管理规范、内容执行规范、执行手段规范的多维度统一出发，构建规范化管理技术体系的基本框架。该框架按照功能分六个子系统，包括目标子系统、组织子系统、CFP子系统、信息子系统、文化子系统和评价子系统。各子系统既相互独立，又相互支撑，构成一个有机体系。

1. 目标子系统

目标执行控制子系统是公路建设规范化管理技术体系的重点和中心，是实现公路工程项目的基本标准和实施执行控制的出发点和落脚点，其内容包括：

建立目标体系，即将建设目标分层分期进行分解，使目标更易于执行；

制订计划，即确定工作应达到的水平、工作完成的时限及负责工作的人员；

分析计划，即对计划任务进行分解，确定执行可能遇到的障碍；

制订应急方案，即对因执行环境变化而产生的危机和困难制订相应的解决方案；

控制反馈，即根据计划执行的具体情况制订相应的控制反馈方案，方案的类型主要涵盖了计划评估、计划跟踪和修订计划。

（1）目标体系

公路工程建设项目是一个多目标系统，为社会提供优质的工程是公路工程建设项目的总体目标，以工程质量为中心，抓好工程进度、投资控制和安全保障是项目管理的中心任务，促进社会经济发展、环境保护、人才培养、技术创新、管理创新和廉政建设是项目建设的社会目标。公路工程规范化管理技术目标体系的核心是突出一体化的整合思想，不盲目追求项目单个目标的最优，而是要在项目多个目标同时优化的基础上，寻求项目目标之间的协调和平衡，从而最终实现项目管理活动的总体效率和效果的最优。

（2）任务分解

根据公路工程目标体系，对规范化管理任务进行分解、细化，进而制定详尽的业务流程，作为项目规范化管理和执行控制的指南。项目总体目标和任何一项分目标都必须通过体现在有关业务流程中的任务计划来实现，因为即使是最正确的总目标和最巧妙的战略部署，如果不转化为贯彻战略和实现目标的各项行动计划和业务流程，并付诸实施，那就不过是一纸空文而已。

（3）控制反馈

在目标执行过程中，需要以项目计划为依据，对任务执行情况进行实时的控制和反馈，以便及时发现偏差，修改和调整行动方案或目标体系。项目建设过程中许多不确定的因素对计划完成产生一定影响，使执行效果和预期目标出现不同程度的偏差，需要及时提出纠偏措施予以解决，否则可能导致项目的失败。

2. 组织子系统

组织子系统是公路建设规范化管理技术体系的组织保障。为保障项目目标的实现，要建立以流程为中心的项目组织架构，使项目组织满足体系运行的流畅性；形成充满活力和执行能力的、团结的、有机的扁平化执行团队，使项目组织能够及时提供所需人才；充分调动组织人员的主观能动性，使参建人员能够彻底理解建设目标严格执行业务流程，使项目组织贯彻实施项目流程。组织结构子系统包括项目组织架构和业主内部组织架构两个部分。

（1）项目组织架构

项目组织架构主要是指业主与承包商、监理单位的关系。项目执行控制效果的好坏受到多方因素的影响。参建各方工作效率的高低、管理能力的强弱以及各方管理的协调度都对其有直接的影响。只有对这些影响因素进行充分的考量，才能使各项建设目标顺利实现。

①无论是承包商与业主之间的施工合同，还是监理单位与业主之间的监理合同，他们的关系是以合同的形式而存在的，但分别承担着不同的工作内容。作为自身承建工程任务的管理主体的同时，承包商和监理单位也承担着被管理者的角色，即是业主的管理对象。项目建设目标是否能够顺利达成受到参建队伍素质和能力等状况的直接影响。因此，为建立优质的项目组织，业主首先必须从参建单位的选择入手，选取综合实力强的参建队伍，严格执行招投标制度，审核投标单位的投标资质，同时加强对参建单位的合同管理，监督参建单位的合同履行。

②监理单位受业主的委托，将其拥有的专业知识运用到工程建设中，对施工单位工程建设行为实行监督和管理，对工程建设主体进行检验和审查，并将这一委托写进施工合同，使承包商明确其应履行的责任，监理单位与承包商是以施工合同为纽带确定的合作关系，两者之间所建立起来的是一种监理和被监理的关系。为使监理单位的工作能够顺利展开，业主不仅要根据合同要求向监理单位提供与工程建设项目相关的必要相关技术及经济

资料，同时也要为有利于监理单位的监督管理工作而在项目建设中努力协助其树立威信。

（2）业主内部组织架构

在完善项目整体组织架构的同时，业主内部组织架构的建设同样至关重要。业主内部组织架构是指业主内部职能部门岗位职责的设置及其沟通模式。组织结构设计的难点在于，如何兼顾组织沟通需要和职务体系的设置。而合理的内部组织架构则是构建组织内部有效沟通及明确部门职责分工的有效途径。

组织的沟通障碍有两种：一种是纵向的，由下到上或由上到下；另一种是横向的，即部门内部沟通和部门之间的沟通。常见的组织结构是集权式的金字塔结构，采用的是倒"V"形的沟通模式，这种组织架构存在上述两种沟通障碍，不利于项目建设的执行控制。沟通顺畅的组织结构，应缩短行政层级，建立扁平型的组织结构和"全通道"型的沟通模式。

提高业主的规范化管理水平和执行控制能力，除建立利于沟通的组织结构外，还要根据项目建设目标明确关键工作流程，分析关键工作执行过程的不利因素，准确定位关键工作流程上的核心岗位和职务体系，形成良好的管理平台。管理制度的制定要符合提高核心岗位的执行能力的要求，建立完善的考核、控制和激励制度体系。

3.CFP子系统

CFP子系统是公路建设规范化管理技术体系的核心技术，直接服务于项目建设管理，主要包括合同化管理（Contract Management）、格式化管理（Format Management）、程序化管理（Procedure Management）等规范化管理技术手段和方法，以确保公路建设规范化管理技术体系准确、高效地运行和建设管理目标的实现。

（1）合同化管理

合同化管理贯彻的是事前控制的理念，要求在工程建设实施的初期阶段，明确业主与参建各方的责任和义务，明确参建各方在工程建设中的定位，制定规范化、详细的管理办法，并在招标文件的合同条款中列出，从而统一认识和要求，避免建设过程中可能出现的各种矛盾，保障了各项建设目标的顺利实现，体现的是"有约在先"。有效的合同化管理是一种减少合同履行过程中的摩擦和冲突的、促进参建各方全面履行合同约定的义务的重要手段。

（2）格式化管理

格式化管理是指在公路建设过程中，明确界定参建各方的业务关系，按照合同化目标管理内容细化为具体业务工作，并统一管理标准，将公路建设项目目标管理的全部内容采用统一的格式进行管理。业主、设计、施工、监理和监督单位的相互业务关系都以表格的形式来呈现，以达到统一标准、统一格式和统一管理的目标，用格式化工作语言固化管理职能、优化管理流程、提高管理效率、实现管理创新。实施格式化管理以实现建设项目资料的结构化、信息的准确化为目标，从而提升项目管理质量，同时增强项目管理的效率，并为信息化管理提供基础。

（3）程序化管理

程序化管理是指按照工作内在逻辑关系，将公路建设规范化管理的具体管理内容和模式制成程序化范本，以监理规划、监理实施细则及法律法规将管理业务以流程管理形式固化为工程实施细则，向设计单位以及各个参建单位明确规定，并且在相似的项目中重复运用。程序化管理通常要说明进行某种活动或完成某项工作的内容、操作方法及其相应的规则系统和前后衔接递进关系，对业务内容进行定单位、定数量、定标准、定责任管理，并形成执行结果的反馈机制，具有清晰、明了、易于控制、可复制的特点。程序化管理的目的在于明确职责权限，规范各类人员行为，减少管理过程中的混乱和真空状态，提高公路工程管理水平和执行效率。

4. 信息子系统

信息化管理是指根据公路建设规范化管理技术体系的要求，依据目标管理内容和系统管理思想，结合合同化管理、格式化管理和程序化管理的成果，开发并应用公路建设项目信息化管理系统，以实现对公路建设从招投标至项目交付使用全过程的智能化管理。信息化管理是技术的综合集成和运用，通过对公路建设项目进度、资源、质量的动态管理和实时控制，有利于实现项目建设管理的科学化、规范化，保证项目目标顺利实施。

（1）信息集成

公路建设管理的规范化依赖于管理信息的及时沟通与交流，然而在整个项目建设期内，由于信息数量大，涉及参与方多，再加上参建方之间物理距离的存在，使得信息割断与分离的情况非常严重。为保证信息及时、正确、高效地交换和共享，需要针对某个既定目标，或面向特定任务，对信息进行组织和管理，使相关的多元信息有机融合并优化使用。工程建设项目信息集成是指在工程建设项目建设期的各个阶段和项目参与各方之间实现数据共享，从而保证建设项目中的每个参与方，在项目建设的每个阶段都能将正确的信息，在正确的时间、正确的地点，以正确的方式，传递给需要该信息的人。

（2）系统开发

公路建设信息化管理系统是一套建设项目信息处理软件与网络信息交流平台的有机结合体，基于信息单元技术，通过对建设单元信息进行收集、加工整理、存储、检索、维护和使用，建立项目信息管理内容与管理过程的平台，提供相应的信息处理结果和依据，加强项目信息沟通，提高项目管理效率，通过公路工程项目信息化管理系统的开发和应用，支持项目利益相关者之间的业务交互、信息共享，达到加速工程项目相关信息的流转速度、提高工作效率、强化工程项目管理的信息化水平、降低工程投资的目的。

（3）系统内容

公路建设信息化系统包括项目组织架构内以业务信息单元技术为支撑的建设管理系统，业主组织架构和参建单位组织架构内部使用的自动化办公系统，将工程信息向社会公开并接受公众监督的网站。

5. 文化子系统

贯彻执行疏导、效果控制相统一的执行控制理念是体系文化子系统的核心。项目文化作为项目参建各方共同遵循的行为准则和价值观念，应以"凡事重在落实"为导向，把建设和谐施工环境贯穿整个项目建设全过程，具体内容包括精神文化、制度文化、行为文化和物质文化建设。

（1）精神文化

精神文化是项目在一定的社会文化背景下形成的一种意识形态的归纳、总结和提升，"执行控制"作为所有行为的最高准则和终极目标，在精神文化中处于核心地位，发挥指导作用，贯穿项目建设的全过程。通过精神文化建设，执行控制理念将成为为所有组织成员所认同和信仰，协调项目组织间的关系，提升员工的工作热情、发挥项目建设中所有员工的能动性、自发性和创新性，使其全部的力量和智慧运用于其自身的工作中去，从而更好地实现项目建设目标。

（2）制度文化

制度文化是在项目的开展过程中形成的与执行控制理念相适应，与规范化管理技术体系契合的项目制度、规章、组织机构等。通过倡导制度文化，能提高项目成员对执行控制理念和规范化管理技术的认同，充分调动项目成员的积极性，最大限度地挖掘项目成员的潜能。通过项目制度文化建设，建立健全一系列规章制度，能规范项目成员行为，使其行为与精神文化和建设目标协调一致。通过制度文化指导项目管理实践，能解决项目管理面临的各种具体问题。

（3）行为文化

行为文化是指项目成员在生产、学习、娱乐、人际交往中产生的活动文化，是项目经营作风、精神面貌、人际关系的动态体现。项目的行为文化以精神文化为准绳，受制度文化的制约，同时体现执行控制理念的精髓。强调先进模范人物的榜样力量是行为文化建设的重点，先进模范人物是项目的中坚力量，在员工中占有重要地位。他们的行为集中体现了项目的价值观，使项目的价值观"人格化"，常常被树立为员工效仿和学习的榜样。

（4）物质文化

物质文化主要指的是项目的建设环境和外观设施。项目物质文化建设的好坏取决于项目其他三个层次文化贯彻执行情况，同时物质文化也是项目文化建设的一个最明显的外在表现。物质文化除了包括项目的产品外，还包括先进的施工技术、现代化的设备和机具。新技术、新设备、新材料、新工艺的应用是新思想的集中反映，会冲击传统的思想沉积，破除旧的价值观念，萌生新的价值追求，给项目带来新的生机和活力。

第三节　公路建设规范化管理技术体系的运营

一、公路建设规范化管理技术体系的运行

公路建设规范化管理技术体系的建立与应用目的在于提高项目管理效率，保证建设目标的顺利实现。规范化管理技术体系评价是对体系的构成、运行及应用效果进行的系统总结、反思与检验，是规范化管理技术体系建设和动态改进的重要环节。通过对规范化管理技术体系各构成要素是否合理、方法手段是否科学、运行效果是否理想等方面的评价，使规范化管理技术体系不断完善，达到更好地指导工程建设实践的作用。

（一）运行模型

公路建设规范化管理技术体系的运行机制就是指在"执行控制"理论和文化指导下，建立完善的组织系统，综合运用"执行控制"规范化管理技术，对工程目标实施执行控制，通过评价反馈形成封闭循环。

（二）运行机制

根据管理组织系统理论与系统功能原理，在一定的系统环境与组成要素下，系统功能的决定因素是其组织化状态，分为组织结构与运行机制两个层次。因此，在对公路建设管理技术体系进行结构分析的基础上，探讨体系运行的机制问题是保证执行控制体系的系统功能顺利实现的关键。

公路建设管理技术体系的运行机制是指在体系的运行过程中，各构成要素内部和各构成要素之间形成的相互依存、相互作用、相互制约的关系及其在体系运行中发挥的功能，即管理的有形要素与无形要素。运行机制具有功能关联性、系统性、客观性和自动性的特征。

二、公路建设规范化管理技术体系的评价

管理体系作为项目的无形资产，它建立的最终目的是使工程项目管理更加规范化、程序化，进而提升项目经济效益，节约项目建设成本。在以实现这一目标为基础的前提下，

管理体系的要素是否合理，结构是否能够满足项目的需要，是否能够使项目效益达到预期的效果，是项目管理者所重点关注的。而管理体系的评价就是对管理体系要素、结构的合理性及管理体系运行的效果进行量化的处理，更为直观地反映管理体系的建立对项目产生的绩效，使管理者能够明确了解管理体系所带来的价值。

评价是人类社会中一项经常性的、极为重要的认识活动。评价是指"根据确定的目的来测定对象系统的属性，并将这种属性变为客观定量的计值或者主观效用的行为"。所谓综合评价是指对以多属性体系结构描述的对象系统做出全局性、整体性的评价，即根据所给的条件，对评价对象的全体，采用一定的方法给每个评价对象赋予一个评价值，又称评价指数，再据此择优或排序。

综合评价是与单项评价相对应的，它们之间存在明显的区别：单项评价的评价标准比较单一、明确，因此单项目评价本质上就是单指标评价，而综合评价法的评价标准相对而言比较复杂、抽象，且数目比较多，通常是"多指标综合评价"，在国外也称为多属性效用理论。

（一）规范化管理技术体系评价的内容

规范化管理技术体系评价构建与运行的关键环节，主要包括两个方面的评价：

1. 体系构成评价

体系构成要素是否合理直接关系到体系作用的发挥，因而应进行体系构成评价，即评价体系构成的合理性情况，以便适时调整相关构成要素，使体系构成更加完善。

2. 体系运行效果综合评价

在加强体系运行过程监控的基础上，要通过对项目目标的完成情况和取得的效益反映两方面进行体系运行效果的综合评价，以考察体系运行整体效果。

这两方面的评价相互衔接、各有侧重，从不同角度实现了对规范化管理技术体系的动态反馈。

（二）规范化管理技术体系构成评价

1. 评价指标体系构成

规范化管理技术体系评价是包含目标、组织、CFP、信息化管理、文化、评价等运行子系统的大系统，各子系统之间不是孤立存在的，而是互相联系、互相制约。规范化管理技术体系评价是评价子系统对其他子系统在执行控制功能、相互关系等方面进行的评价，要求综合考虑很多因素，体系内容的全面性和功能性、严密性、可操作性等方面要同时兼顾。因此，建立一套全面、系统、多层次的评价指标体系并使其量化是规范化管理技术体系评价的关键。根据上述建立评价指标体系的原则，通过现场调研、查阅相关文献及征询专家意见，建立规范化管理技术体系的评价指标体系。

2. 评价指标体系设置

（1）目标子系统相关评价指标

规范化管理技术体系目标子系统包括质量目标、进度目标、投资目标、安全目标和公益目标。目标子系统是规范化管理技术体系的核心，目标子系统的情况如难易程度、是否客观合理、实现目标的措施情况等直接影响规范化管理技术体系效果，且目标子系统与其他子系统有着密切的关系。从执行控制角度出发，对目标子系统的评价主要从各目标的设置情况进行考察。

（2）组织子系统相关评价指标

业主组织架构和项目组织架构是规范化管理组织系统的核心，因此，主要从这两个方面对规范化管理组织系统进行评价。

（三）评价标准的确定

由于上述评价指标均为定性指标，为便于评价专家的评判，针对每个评价指标给出评价标准非常重要。根据评价指标的定义，结合项目管理理论和专家咨询意见，对各评价指标细化评价标准。

（四）体系构成可拓综合评价

根据公路建设规范化管理技术体系的特点及对各种方法的适用性分析，选取基于可拓学理论的规范化管理技术体系综合评价方法。可拓学是一门专门探讨矛盾转化的科学，它将形式逻辑与辩证逻辑有机地结合起来，描述事物性质的可变性和事物变化过程中由量变到质变的规律，是异于经典集合和模糊集合的另一种形式化工具。它为解决现实生活中存在的大量矛盾问题提供了可以遵循的规律，建立了一套处理矛盾问题的理论和方法，既是计算机进行矛盾问题处理的理论基础之一，也是人工智能解决问题的定量化工具。该方法理论严谨，计算方法简单，评价结果合理，为该类问题的解决提供了一种新的方法。

三、公路建设规范化管理技术体系的模式

（一）公路工程建设规范化管理技术的运行模式探讨

公路建设规范化管理技术的运行机制是在建立完善的组织系统，再通过规范化管理技

术完成项目的控制实施，这样就能够形成一个有效的封闭反馈的循环系统。并且这样一个运行模式还能够对公路工程建设中包含的管理制度以及方式和流程，甚至表格以合同式进行明确的规范。这样就可以为参与的建设单位提供可以参照的依据，并按照合同的约定进行工程施工。

1. 挤密砂石桩法

其原理是采用沉管法或其他方法在地基中设置砂桩、碎石桩，在成桩过程中对周围土层产生挤密，被挤密的桩间土和砂石桩形成复合地基，达到提高地基承载力和减小沉降的目的。

适用范围：疏松砂土、杂填土、非饱和黏性土地基、黄土地基；其缺点是挤密砂石桩施工过程中会引起周边土体的变形，前期施工桩的质量没有得到保证。

2. 砂石桩（置换）法

其原理是在软黏土地基中采用沉管法或其他方法设置密实的砂桩或碎石桩，置换同体积的黏性土形成砂石桩复合地基，以提高地基承载力。同时砂石桩还可以同砂井一样起排水作用，以加速地基土固结。其缺点是在振动沉管或锤击沉管过程后，在拔管过程中产生断桩，质量不易得到保证。

适用范围：软黏土地基。

3. 强夯法

其原理是采用重量为100 ~ 400kN的夯锤从高处自由落下，地基土在强夯的冲击力和振动力作用下密实，可提高承载力，减少沉降。

其缺点是周边土体变形较大，会因施工引起液化，质量难以确保。

适用范围：碎石土、砂土、低饱和度的粉土和黏性土，湿陷性黄土、杂填土和素填土等地基。

4. 水泥粉煤灰碎石桩（CFG桩）法

其原理是通过振动沉管成孔，灌注水泥、粉煤灰、碎石、中粗砂混合料，形成水泥粉煤灰碎石桩（CFG桩），振动沉管对桩间土有挤密作用，桩与桩间土、垫层形成CFG桩复合地基，可提高地基承载力，减少沉降。其缺点是费用相对较高，但质量可以得到保障。

适用范围：杂填土、素填土、砂土、粉土、黏性土地基。

5. 换土垫层法

其原理是将软弱土或不良土开挖至一定深度，回填抗剪强度较大、压缩性较小的土，如砂、砾、石渣、灰土等，并分层夯实，形成双层地基。垫层能有效扩散基底压力，提高地基承载力、减少沉降。

适用范围：各种软弱土地基。

通过上述不同方法的比选，建议采用水泥粉煤灰碎石桩（CFG桩）为宜，该方法施工比较简单，可大面积同时施工，后期施工的桩对前期施工的桩不易造成破坏。

（二）公路建设工程招投标规范化管理模式的探讨

随着我国社会主义市场经济的改革不断深入，根据公路工程招标投标市场的现状，应建立政府监督为指导，市场监督为主体，两者相结合的规范化管理模式。

1. 建立和完善公路工程招投标运行体系

市场经济亦称为法律经济，招投标是市场竞争机制的产物。因此，要推行招投标工作，必须有健全的法律运行体系作为保证，否则就无法抑制市场经济的盲目性、投机性。无法规范市场主体的竞争和交易行为，目前我国已建立了招标投标法律体系，但如何不折不扣地运行，必须有针对性地从以下三个方面严格规范招标投标行为：建立对应该公开招标而采取不公开招标或变相的公开招标方式的建设单位和相关负责人进行经济、行政处罚细则，对违法干预招标工作领导干部也应建立公开监督和处罚的法律制度；加强对招标管理机构监督和管理的力度，提高机构人员的素质，启动代理机构对招标组织不符合条件、投标承包商不规范的代理事务，并建立相应的经济、行政、法律处罚细则；建立较详细的招标程序、投标程序和评标办法的法律细则，提高招标投标的信誉。目前评标、定标的办法五花八门，各行其是，应该以法规的形式进行统一，加强招投标程序的可操作性。

2. 理顺公路工程招投标管理机构的关系

目前，我国有的地方出现同一城市、同一行业管理区域设多个招标管理机构；有的地方出现招标投标管理部门与其他部门合署办公，业务范围混杂，一套"人马"、两套机构，导致管理不清，职责不明、相互牵制、相互扯皮，或者权力分散，放任自流，出现"都管、都不管"的混乱局面。解决这些问题的首要措施是建立健全招标管理权威机构，理顺职能和权限范围。再就是归口管理问题，当前部队、铁路等系统都有招标管理机构，但这些单位都没有建筑市场的管理职能，脱离建筑市场的综合管理进行招标，必然影响招标的质量，并诱发许多不良现象。所以公路工程招投标管理机构必须归于建筑市场主管部门（建设行政主管部门）的统一管理之下。

3. 培育公路工程招投标市场的主体

公路工程招投标市场是由政府、建设单位、施工企业和中介机构组成的。招投标工作是以这四方面为主相互配合共同进行的，所以培育合格的市场主体是搞好招投标的首要条件。为此，必须做好以下工作：转变政府管理职能，做到政企分开，把所有施工企业都放到平等的位置上。政府各级干部不能随意干涉招标投标工作；对建设单位资格的审查应尽快做出有量化指标的详细规定。授权招标投标管理机构，严格审查建设单位资格。凡不具备发包工程资格的一律要求由政府批准的招标代理机构代理招标；要加强施工队伍管理，严格队伍的资质审查，把黑队伍、挂靠队伍和素质差的队伍清理出建筑市场。对工程项目层层倒手转包的现象，政府要采取措施进行控制；发展中介机构。公路工程招标涉及面广、情况复杂、专业性、技术性强。对缺乏招标能力单位，就要有中介机构代理。同时要加强对中介机构的资质审查和管理，以确保进入公路工程招投标市场的中介机构的素质。

4. 改革公路工程招投标报价的价格体系

公路工程招投标制是以"实现建筑工程质量好、工期短、造价低"为目的的制度，其中重要的一点就是造价。所谓造价，就是国家现行建筑市场产品和价格体系的反映，是考核工程项目的一项重要经济指标。它的准确与否，直接影响到整个国民经济的发展。同一个单位工程，不同的企业资质，造成了同一产品价格不一的现象。一方面，招标投标制体现了公平交易、平等竞争、择优选择施工队伍的原则。这就是要让竞争对手站在同一价格的起跑线上，达到择优的目的。另一方面，建筑产品价格体系将建筑产品价格划为三六九等，付出同样的劳动，不能得到同样的收益，使价格背离价值。由于这两方面的矛盾非常突出，严重地阻碍了招标投标工作的健康发展。因此，改革公路工程招投标报价体系是完善招标投标的重要内容。

第三章　公路规划与建设管理

第一节　高速公路规划的概述

一、高速公路规划的意义、任务及原则

（一）高速公路规划的意义

高速公路规划的目的是根据规划区域社会经济的发展和公路交通客货流分布的特点，科学预测交通量，提出高速公路发展的总目标，并根据规划确定路线的控制点和分期实施建设步骤，提出确保实现规划目标的政策与措施。

高速公路规划的重要意义概括如下：

第一，高速公路规划是我国公路网规划的重要内容。

第二，高速公路规划可以起到合理利用资金，加快高速公路建设发展的作用。

第三，高速公路的合理规划将有利于促进综合运输网的合理构成，使高速公路建设更好地结合地区的社会经济发展，促进经济繁荣。

总之，通过对高速公路网络的合理规划，合理确定路线布局，恰当安排建设顺序，能够避免高速公路建设决策和布局的盲目性、随意性和重复性，使高速公路建设适应国民经济发展的需要，同时使管理工作趋于程序化、规范化和科学化。

（二）高速公路规划的任务

高速公路规划是对规划区域的公路网络进行合理布局。高速公路网络是区域公路干线网系统的主骨架，做好高速公路规划，既是区域干线公路网的重要内容，也是区域交通运输系统规划的重要组成部分。高速公路规划是公路建设中的重要前期工作，是进行公路网宏观规划与决策的有力支持系统。高速公路规划的主要目的在于：通过系统分析公路现状，科学预测交通需求，合理搞好线路布局，恰当安排建设序列，避免高速公路建设决策和建设布局的随意性、盲目性及重复性，使高速公路建设适应社会经济发展的需要，同时使管理工作趋于程序化、规范化和科学化。

高速公路规划的主要任务是：

第一，通过深入细致的调查研究，系统地分析和评价现有公路交通状况。

第二，根据区域社会经济发展与公路交通客货流分布特点，科学预测交通量发展趋势，提出高速公路发展的总目标和总布局。

第三，对高速公路路线走向及重要控制点的选择制订出多种布局方案，通过比较，从中选优。

第四，在布局优化的基础上，再根据规划期内建设资金、路网交通量分布及路线的地位、功能与作用等条件，合理确定各条路线、路段分期实施的建设顺序。

针对高速公路规划实施过程中面临的资金、技术等重要问题，需要在前期的可行性研究工作中进行详细的研究和论证。同时，对高速公路的规划实施提出基本对策与措施，最后通过高速公路规划实施可能产生的各种影响（正面或负面）的全面分析，对高速公路规划方案做出技术、经济、社会、环境影响等方面的综合评价。

（三）高速公路规划的原则

1. 先行于社会经济发展原则

高速公路是国民经济的重要基础设施，是发展社会主义商品经济的主要环节和必要条件。在进行高速公路规划时，要对区域的土地利用、社会经济发展及城镇布局规划等进行全面了解和预测。只有超前规划和建设，搞好战略性的长远规划，才能提高交通建设的连续性和系统性。也就是说，要按照社会经济发展的未来总目标要求，提出高速公路规划先行于社会经济发展的战略思想，由此制定出高速公路规划的总体布局。

2. 系统协调与长远发展原则

高速公路规划必须与区域内外的公路运输及其他运输方式视为相互联系的有机整体，彼此相互协调。同时，在规划高速公路过程中要有"高瞻远瞩、合理布局、科学安排"的思想，这样就能避免建设决策以及建设布局的随意性、重复性及盲目性。

3. 工程经济性原则

高速公路建设占地多、投资大、造价高，在制订规划时，应注意在满足发展目标、技术要求的前提下，尽量珍惜土地资源，节约建设费用，使规划方案具有良好的工程经济性。

4. 环境保护原则

规划中要注意施工过程中的环境保护和运营时的汽车废气、噪声污染和路面污水排放導流等问题。

二、高速公路规划的内容、方法及程序

（一）高速公路规划的内容

1. 公路网现状分析与评价

对高速公路规划涉及区域的自然地理条件和特征、社会经济发展水平、综合交通运输格局等做出宏观系统分析，特别是对现状公路网的等级、交通现状、建设与管理状况等应进行详细调查和剖析，并做出评价。

2. 社会经济发展趋势预测

通过对规划区域的自然资源及生产力布局、城镇及人口分布、产业结构与经济发展水平的充分调查与综合分析，运用多种方法对社会经济发展的总趋势和新特点做出科学预测，指出在规划期内公路运输将面临的新形势和客、货流状况，并明确因此可能产生的新变化和新特点。

3. 公路交通量预测

在对区域社会经济发展趋势的分析和预测基础上，研究综合运输与社会经济发展的相互关系。依据历史资料采用多种方法建立不同的数学模型，对规划区内的综合运输量、旅客运量和流向、大宗货物流量和流向及公路运输工具等一一做出预测，其中以公路运输为重点。

4. 高速公路布局优化

根据社会经济发展，紧密结合生产力布局、城镇分布及公路网现状特点，依据一定原理，对高速公路路线走向及重要控制点选择做出多种布局方案，通过比较，从中选优。

5. 高速公路规划分期实施

在高速公路布局优化的基础上，根据规划期内建设资金、路网交通流量分布及路线地位、功能、作用等条件，对布局规划优化方案中的各条路线、路段等做出建设序列安排。

6. 实施高速公路规划的对策与措施

针对高速公路规划实施过程中面临的资金、技术、材料及其他重要问题，须在其前期的可行性研究工作中进行详细的研究和论证。同时，应该对高速公路规划实施的管理体制提出基本对策与措施。

7. 高速公路规划的综合评价

高速公路规划的综合评价主要包括技术评价、经济评价、社会发展影响评价、国防安全评价、环境影响评价等。通过对高速公路规划实施可能产生的各种影响（正面或负面）进行全面分析，对高速公路规划方案做出综合性的评价。

8. 跟踪调整

由于高速公路规划实施周期长，在这期间，经济发展速度、生产力布局、投资结构或国家有关政策发生变化，会导致运输结构和公路交通需求与预期情况不符，致使路网结构、规模及路线等级对运输需求的适用性发生变化。此时，应区别情况，对所做规划进行全网、区域、局部或个别路线路段的调整，以便充分利用有限资源，使运输供给最大限度地满足运输需求的变化。

（二）高速公路规划的基本方法

高速公路的规划属于公路网规划的范畴，因此高速公路的规划方法可以借鉴公路网的规划方法，而且国内外已有很多成熟的公路网络规划方法。由于交通专业的很多教材都有公路网络规划方法介绍，关于规划资料的调查、调查方法及其他的规划方法等内容可以参考相关教材，这里只简单讲解规划方法中较为成熟的四阶段法。

四阶段法的核心思想以调查得到的路网现状OD矩阵为基础，并预测未来的客货流的分布，进行路段交通量的分配，最后根据路段上的交通量对高速公路规划方案进行设计。交通量预测分为四个主要阶段：

第一，预测远景年规划区域内各个小区的交通发生量。

第二，以各规划区交通OD现状调查资料为基础，分析预测远景年份区域交通分布情况。

第三，在区域交通分布预测结果的基础上，进一步分析确定各种运输方式承担的运量。

第四，根据交通量分布预测结果（各小区间交通量），按照一定方法分配到小区间的各条公路上去，最终获得规划高速公路（或路网）上各个路段的交通量。

（三）高速公路规划的基本程序

高速公路规划涉及社会经济、交通运输、工程技术、运筹学原理等，是一项复杂的系统工程。必须从制定规划目标开始，以区域交通运输现状分析为基础，根据交通量预测，确定合理的发展规模和建设系列安排，并对规划方案进行综合评价。

第二节 高速公路建设投资与融资

一、我国高速公路建设基本投资与融资方式

高速公路属于准公共物品的范畴，需要政府和市场共同推进。在一定条件下，其建设资金可以由政府提供，也可以由市场提供，或者由两者联合提供。当由市场提供建设资金时，政府必须实行授权制度，并有严格的监管措施。由于高速公路项目的财务效益特点决定了绝大多数项目都需要政府在资金上给予支持，尤其是在建设期和项目运营初期，所以在一般情况下，政府必须保证对高速公路建设投入足够比例的国家资金。但是，由于高速公路建设资金需求量大、建设周期长、投资风险大，完全依靠政府投资是不现实的。因为政府用于高速公路建设的资金是有限的，并且要照顾到整个公路网的发展。如果仅靠政府投资，高速公路建设就会受到资金的严重制约。高速公路的受益者是公路的使用者，采用"谁受益、谁投资"的原则，既符合市场经济的运作规律，同时也可以调动社会各方面修建高速公路的积极性，增加高速公路建设的资金来源。世界上不少国家如日本、法国、意大利等，都制定了由企业面向社会集资修建高速公路并收费还贷的特许经营政策，即由政府部门和投资企业签订特许经营合同，政府授予企业一定时期的特许经营权，主要是高速公路收费和管理权，由企业负责筹资、建设、经营管理和维修养护，特许经营期满后，投资企业将完好的高速公路移交给政府。这一政策的实施大大加快了这些国家高速公路的发展。

我国的公路建设经历了由政府大包大揽到投资主体多元化的转变，逐步建立了"国家投资、地方筹资、社会集资、利用外资"和"贷款修路、收费还贷、滚动发展"的投资机制，严格执行国家基本建设程序，按"统筹投资、条块结合、分层负责、联合建设"和"贷款修路、收费还贷、滚动发展"等原则进行项目筹资。

我国目前高速公路建设项目资金来源有政府投资、国内银行贷款、国际金融组织贷款、项目融资（包括BOT融资、ABS融资等方式）、高速公路经营权有偿转让融资和证券市场融资（包括股票融资与债券融资）等。

二、传统高速公路建设投资与融资体制的特征

我国传统的投资体制是计划经济的产物，是以政府直接干预、决定一切、操纵全过程为特征的投资体制。在交通基础建设方面，铁路、港口、机场的建设基本上是由中央政府统一安排资金，而公路建设的资金来源只能采取挤占公路养路费、民工建勤、以工代赈等方法建设公路。其结果是公路建设资金长期落后于经济发展，成为制约国民经济发展的重

要因素。传统高速公路建设投资与融资的特征如下：

第一，投资决策权高度集中在政府，尤其是地方政府手中。

第二，投资主体和资金渠道单一。政府是唯一的投资主体，私人投资被完全排斥。

第三，投入要素按计划安排使用。对公路建设投资所需要的资金、设备、建筑材料和动力等实行按计划分配使用，直接以指令性计划和行政命令（红头文件）管工程、管拨款、管调配物资、管施工队伍。

第四，没有投资责任约束。传统的公路建设投资体制对投资决策没有任何约束力。道路建设没有明确直接责任者，如果出现事故也无法追究责任。

三、我国公路建设投资与融资体制改革的目标

为了更好地促进国民经济发展，解决长期传统的公路建设投资与融资体制的弊端，需要对传统的公路建设投融资体制进行改革。具体改革目标如下：

第一，以国家政策性投资为基础。一般来说，国家承担的投资项目是关系国民经济全局的、跨地区的、为全社会服务的重大项目，公路交通建设项目就是这样的项目。

第二，以市场型投资、融资为主导。建立和完善公路建设要素市场体系，使市场在公路建设资源配置中起到基础性作用。一个完整的公路要素市场包括资金市场、劳务市场、物资市场、人才市场、技术市场、信息市场、公路咨询、设计、施工、建材等。而其中资金市场是公路投入诸多要素市场中最主要的市场。资金是公路建设的第一推动力。

第三，多层次投资。要打破过去公路建设只有一个投资主体的旧模式，建立起国家、地方、企业、个人及外商等多元投资主体，真正实现投资—拥有产权—承担风险—收益一体化的经营思想，展开市场竞争。

第四，多渠道投资。开辟多个公路筹资、集资的途径和来源，改变过去只有政府拨款和提供养路费的单一渠道，还可通过银行贷款、金融市场等多种途径扩大公路建设资金来源。

第五，多形式投资。增加公路建设投资的形式，例如，货币资金投资形式，股票、债券投资形式，物资投资形式（以旧路折股也归为其中），以工代赈投资形式，技术投资形式，等等。

四、高速公路建设投资主体与结构分析

以前，我国公路建设是由各级政府作为投资主体，其资金来源于地方政府财政及养路费。改革开放后，公路建设投资政策发生了巨大的变化，投资主体多元化，资金来源渠道不断拓宽，公路建设投资也被划分为非经营性公路和经营性公路，而两者的投资主体和资

金来源差异很大，下面分别予以叙述：

（一）非经营性公路投资主体

大部分非经营性公路是普通公路，不收费，主要体现了公路的社会公益性，其投资主体包括：

1. 中央政府

中央政府是非经营性公路最高层次的投资者和管理者，负责全国公路交通发展规划的制订、实施、协调与管理，并对全国重点公路建设项目进行投资。

2. 地方政府

地方各级政府对本地区公路项目，特别是非经营性普通公路的修建和养护进行投资。

3. 民工建勤，以工代赈

此种方法主要用于修建县、乡级道路，可以将这种投资的主体归为县、乡、村。《中华人民共和国公路管理条例》规定"……公路建设还可以采取民工建勤、民办公助和以工代赈的办法"，明确了在社会主义市场经济条件下这种投资方式的法律地位。

4. 企业、社会组织、个人的捐资

主要是企业、社会组织、个人对高速公路建设资金的无偿赠送。

（二）经营性公路投资主体

经营性公路项目体现了公路建设项目的基础性和竞争性。中央政府允许并鼓励各行各业、各种经济成分对经营性道路进行投资，公路建设投资主体的多层次主要表现在经营性公路项目上。经营性公路的投资主体包括：

1. 政府投资主体

各级政府通过预算拨款、政策性收费和交通规费所筹集的资金，除部分用于非经营性投资项目外，其余可作为资本金，成立公路建设投资开发公司，公司按照国家有关法律对高速公路投资资金进行统筹安排、分级经营、分成回收和滚动发展，对于高等级公路建设收费项目的经营性投资资金全部实行有偿使用。

在与其他经济成分（包括外商）联合投资筑路修桥，或与原有旧路入股合作时，经产权界定、资产评估，公路建设投资开发公司以企业法人的资格代表交通管理部门参股，成立相应的董事会，共同进行建设、经营、管理及收益分红。

公路建设投资开发公司的资金来源，除政府投入外，主要靠银行贷款及市场融资。当

然，公司须承担贷款和市场融资的还本付息责任。

2.企业投资主体

随着经济的发展和企业实力的增强，公路建设日益成为企业投资的一个热点。另外，政府也常常制定一些鼓励企业向公路建设投资的优惠政策。例如，地方政府划拨土地给企业开发，鼓励企业向公路投资；政府为了修建某条高速公路而拍卖该公路沿线的土地使用权，并将建设该条公路的投资作为附加条件；等等。这些做法在全国各地已多有尝试，吸引了不少企业向公路投入资金，企业已成为公路建设中的一个重要的投资主体。

3.外商投资主体

近几年来，外商对公路等交通运输基础设施的投资发展很快，很多外商已把交通基础设施建设作为一个投资热点。投资项目涉及公路、桥梁、机场、港口等，投资规模不断扩大，投资的形式包括借贷款、入股、购买公路经营权及合资开发等。外资已逐渐成为补充公路基础设施建设资金的重要来源。

4.其他投资主体

随着我国经济的发展，人民生活逐渐富裕起来，我国城乡居民的个人储蓄已达到数万亿元人民币，这些都是公路建设重要的潜在资金来源。

（三）公路投资结构分析

所谓公路投资结构，就是不同渠道对公路建设投资数量在总投资中所占的比例。从投资结构分析中，可以得出划分各类投资主体的合理负担规律，形成符合我国国情的公路交通行业特点的多元化公路建设投资格局。划分各类投资主体并进行合理分工，首先要正确确定政府投资的领域，其次是合理划分各级政府的投资范围。

五、高速公路建设典型的融资方式——BOT模式

随着我国高速公路建设步伐的加快，多渠道融资已成为高速公路建设的重要特征。积极利用外资和社会资金，利用BOT方式建设高速公路已逐步成为高速公路融资的重要模式。

（一）BOT的含义

BOT（Build—Operate—Transfer），即"建设、经营、移交"，又称为"特许权融资模式"，是政府与投资商（一般为国际财团）合作建设经营基础设施项目的一种特殊运作模式。在我国，BOT方式已越来越广泛地运用于收费公路、电厂、铁路、污水处理设施和

城市地铁等基础设施项目。在高速公路BOT融资模式中，政府通过签订特许权协议，在规定的时间内，将高速公路项目授予投资商专为该项目成立的项目公司，由项目公司负责高速公路的投融资、建设、运营和维护，并通过收取车辆通行费，收回投资、偿还贷款并获取合理利润。特许期满后，项目公司再将高速公路无偿移交给政府。

（二）BOT融资模式的优点

BOT融资模式具有以下优点：

第一，通过BOT方式吸引国内外私人投资，可以缓解政府建设资金来源的不足，减轻政府的财政负担。

第二，由于公路等基础设施项目投资额巨大，整个建设和营运过程中都存在着较大的风险，采用BOT方式可将项目的风险转移到私营机构。

第三，国有大型基建项目建设超支是各国政府常常碰到的现象。由私营机构以BOT方式承担项目运作，其效率会比政府部门更高，尤其是发达国家的大公司参与项目，不仅能获得所在国的先进技术、设备和管理经验，而且可以提高建设项目的设计和施工质量，还可以缩短施工期限，降低各种费用。

第四，BOT方式可以吸引国内外投资者向公路等基础设施产业合理化过渡，使之真正取得规模经济效益，实现基础产业发展的良性循环。

第五，项目公司可以集合具有一定实力的国际大公司共同完成项目，解决基础设施部门承担某些项目能力不足的矛盾。

（三）BOT融资模式的风险特点

作为一种复杂的项目融资技术，BOT项目投资额大，建设周期长，涉及面广，工程技术复杂，因此项目风险较高。并且，高速公路BOT项目还具有建设过程的线长面广、营运过程的车流量不确定等特点。高速公路BOT项目存在更大的风险，主要表现在以下方面：高速公路投资回收期长，一般为30年左右，对项目影响的不确定因素多，项目风险期长；项目涉及政府、项目公司、银行金融机构、保险公司、工程建设承包商、经营管理公司、设备材料供应商等众多当事人，各方之间关系复杂，在实施过程中会产生许多风险；BOT项目是政府特许项目，具有垄断性或独占性特点，政府的有关政策、法规以及政治经济环境对BOT项目的风险影响极大；高速公路BOT实施有明细的阶段，包括投资、建设、运营等阶段，参与各方在各阶段所面临的风险有所不同。

（四）高速公路BOT项目主要风险分析

高速公路BOT项目存在的风险包括政治经济环境风险、法律政策风险、金融风险、前期运作风险、完工风险、运营风险、不可抗力风险等。

1. 政治经济环境风险

政治经济环境风险一般是指由于项目所在国的政治经济状况发生变化而给项目带来的风险。如项目所在国由于发生政变、政权更迭、暴乱，或出于某种政治原因或外交政策的需要，对项目进行征用、没收、禁止运营等，给项目造成不利影响，以及由于经济危机、通货膨胀等经济不稳定因素给项目造成不利影响。政治经济环境风险是BOT项目所面临的最重要的风险，对项目其他风险将产生重要的影响。在政治经济不稳定的国家，潜在政治经济风险较大，投资者进行BOT项目投资时，可通过与所在国政府签订特许权协议来明确风险，或向出口信贷机构投保来降低风险。在我国，政治社会稳定，经济快速发展，投资环境宽松，公路建设市场逐步开放，这方面的风险呈逐渐减少的态势。但针对具体高速公路项目，还需要结合当地经济社会发展水平进行分析。经济发展水平高的地区，项目风险水平较低；相应地，经济发展水平低的地区，项目风险水平较高。同时，项目所在地区行政领导的变化，以及由此带来的对项目的行政支持的变化也是在进行BOT项目投资时必须考虑的因素。

2. 法律政策风险

政策法律风险主要指由于与BOT相关的法律法规以及政府政策的欠缺或变更而导致的风险。这种风险可能会引起成本增加、收益降低，甚至使项目失败。许多国家和地区为了有效开展BOT融资，都制定了相应的规章制度。国内目前尚没有关于BOT项目专门的法规或政策，对此项工作缺乏明确而统一的规划和引导，在产权界定、收费标准的确定及调整机制、保证利润的分配、风险分担机制、合作期限等一系列问题的关键细节上也缺乏明确的原则规定。因此，投资者往往要求政府在特许授权的法律文件中做出种种保证，如土地及后勤保证、不竞争保证、经营期保证、合理收益率保证等。政府保证与否及保证的充分程度，是BOT项目是否取得成功的重要前提。

3. 金融风险

金融风险主要指由于汇率波动、利率上涨、通货膨胀等引发的风险。由于高速公路投资金额较大，项目贷款是高速公路建设重要的资金来源之一。项目贷款政策性强、涉及面广，不仅受国内经济、金融政策的制约，也受国外经济、金融形势的影响，还涉及公路项目的建设和营运等诸多因素。各种因素的不断变化给项目贷款带来较大风险，利率和汇率的微小变化都将对项目收益产生重大影响。因此，投资方一定要认真分析和预测金融市场上可能出现的变化，采取相应措施。如预测未来市场利率的变动，相应地采取固定利率投资或浮动利率投资的措施。

4. 前期运作风险

高速公路BOT项目的前期运作风险指项目从规划、立项、招投标到开工阶段的风险。对于政府和项目投资者，BOT项目缺乏可行性论证或可行性分析失误是该阶段的主要风险。需要指出的是，项目的前期运作风险并不会立即显现，而是出现在项目的其他阶段。如判断高速公路项目是否可行，要基于车流量预测是否准确，对于项目运作的成败至关重要。如果车流量远远低于先前的预测，则营运过程不会有足够的现金流量来支付经营费用，提供利润并且偿还债权人本息。除此之外，项目的前期运作阶段还存在招投标的不公正风险，政府擅自改变、撤回承诺或规避责任等不利风险，项目融资过程中可能出现出于各种原因资金无法及时到位而带来的风险，等等。

5. 完工风险

高速公路BOT项目融资在完成有关手续、正式签署有关文件并经政府批准后便进入工程营建阶段。对项目公司而言，这一阶段面临的最大风险是工程能否顺利完工。完工风险是指项目延期完工、无法完工或完工后无法达到设计运行标准等风险，主要包括由于工程设计不合理、在工程施工中改变设计方案、项目发起人和工程总承包商技术能力和经验不足、资金不到位、气候条件恶劣等造成的项目建设延期、项目建设成本超支、项目达不到实际规定的技术经济指标，甚至项目完全停工放弃等潜在的风险。在这些风险中，施工承包商在管理和控制完工风险中起主要作用。因此，选择资信良好、实力雄厚的承包商就成为能否减少完工风险的关键。如果是由于政府的干预或批准而导致完工延迟，则由政府承担相应责任。

6. 运营风险

高速公路营运风险是指高速公路在投入营运后，由于市场、技术、管理等导致营运成本增加、车流量减小、收入降低、本息偿还困难和收益得不到保证的风险。高速公路营运风险包括技术落后、管理水平低下等对高速公路带来的不利影响，如养护技术落后、养护成本高、收费系统效率低等；还包括由于政治经济、法律政策、利率汇率、自然社会等外部环境变化对高速公路营运所产生的不利影响，如物价上涨、通货膨胀、车辆通行费下调、自然灾害等。另外，还包括较突出的竞争风险，如政府在同一区域建设或许可建设与该BOT项目同样性质的项目，使已建项目的客户分流，利用量减少。这种情况需要在合同中明确规定对由此产生的交通量下降或增长率降低而造成的损失应给予补偿。

7. 不可抗力风险

不可抗力风险是指项目的参与方不能预见且无法克服及避免的事件给项目所造成的损坏或毁灭的风险。一旦出现不可抗力事件，整个BOT项目可能中断或完全失败。项目公司无法控制这些不可抗力风险，可在合同中约定采用顺延工期和延长营运期来补偿损失，或者通过投保，将此类风险转移给保险公司。

（五）高速公路BOT风险防范

随着我国高速公路BOT项目的逐步增多，风险防范已成为当务之急。为了有效防范风险，项目投资者需要重视以下方面的工作：

1. 树立风险防范意识，加强风险管理

我国高速公路BOT项目投资如果只注重项目投资可能带来的优惠和发展机遇，缺乏足够的风险意识，那么这将是我国BOT项目投资所面临的最大风险。因此，项目投资者必须树立良好的风险防范意识，重视风险防范和控制。为了加强风险管理，需要建立专门的风险管理机构，广泛咨询和听取专家们的意见，对项目各阶段、各方面可能存在的风险进行系统的识别和分析，采取有效的风险防范措施，建立完善的风险控制体系，防患于未然。

2. 争取政府支持和获得法律法规保证

BOT项目融资在很大程度上依赖于政府的特许经营权、特定的税收政策和外汇政策等，并以这些特许权和相关的政策作为项目融资的重要信用支持。因此，在BOT项目中，政府支持和法律保证显得比较突出，涉及项目的各个方面和各个阶段。项目的选择、建设、营运、移交的全过程都受到政府的影响，因而争取政府支持和法律的保证尤为重要。同时，政府应设立专门的BOT主管部门，加强政府各职能部门的协调，为项目投资者和管理者提供各方面支持。特别是需要完善法律法规，增强法律的约束力。加快制定和通过相关法律法规，明确规定BOT招投标工作应遵循的原则和各环节应遵循的程序性规则，有利于政府和投资者规避风险，实现共赢的目标。

3. 加强合同管理，合理分担风险

风险分担是进行风险防范的关键和核心。BOT项目涉及利益主体多，项目各方需要有合作和共赢的思想，在考虑利益分配与风险分担时，不但要考虑自己一方，也要仔细考虑对方对风险的承受能力和应得到的权益。风险分担主要通过项目公司与有关政府机构之间的特许权协议，以及项目公司与项目的各个参与方谈判并签订一系列合同，通过合同来明确双方的职责、权利和义务，降低不可控风险出现的可能性，减少确已存在的风险所造成的不利冲击。

4. 重视风险管理人才的培养和引进

人才是风险管理的基础和关键。没有风险管理的专门人才，就不可能制订出合乎实际

的风险管理方案，企业也不可能达到规避风险、实现收益的目的。作为一种新兴的融资模式，BOT融资模式在许多方面都有一套独特的运行规则和方法，需要专业人员来实施，以确保项目的顺利进行。BOT融资模式的专业性很强，需要法律、财经、合同、工程等方面的人才，尤其需要熟悉国际工程建设管理的专业人才，而我国现有的人才储备不足，也缺少专业的咨询公司。因此要培养和引进既懂高速公路工程技术、运营管理，又懂金融、经济、贸易、外语、法律知识的各种复合型人才。

（六）BOT模式的基本操作程序

各个国家的国情导致该国的每个BOT项目均有自己的特点，因此BOT项目实施起来也就有较大的差距，但基本程序大体如下：

1. 项目确定

BOT项目的研究既可以是政府也可以是私营机构，但是项目实施的决定最终只能由政府做出。

2. 项目发包

作为业主，政府发包BOT公路项目，选择项目发起人，通常采用两阶段公开招标方式或邀请招标方式。无论何种方式，在开标后政府都将与投标者就项目运作的具体细节进行谈判，直到双方签订特许协议。

3. 项目融资

BOT公路项目融资具有多元化的特点，由项目发起人提供项目启动股本资金，通过银行贷款、发行各种有价证券和股票、承包人带资承包、政府贷款及政府参股等多种途径筹措项目建设资金，但主要资金来源于银行贷款。

4. 项目建设

BOT项目的建设由承建商与项目公司签订总承包建设合同（均采用"交钥匙工程"的方式），总承包人或为项目公司股东，或为项目公司的下属公司。在承建合同中应详细列明规定的项目价格，确定的开工、完工日期及预定的奖励及损失赔偿等。在具体实施过程中，总承包人把精力放在大桥或主干线的设计、施工上，而将项目的辅线或辅助工程交给分包人。分包人由总承包人通过公开招标的方式来确定。

5. 项目营运

在项目营运期间，项目公司的主要任务是收取车辆通行费，对项目设施进行正常的养护维修及定期的大中修，并将收入按供款方的优先次序进行还债，收回股本，获得预期收益；同时也可根据实际情况与政府协商调整收费标准，还可经营其他辅助业务项目，如旅馆、加油站等。

6. 项目移交

在特许期结束后，项目公司将项目所有权移交给当地政府。移交也可能发生在其他一些情况下。例如，项目公司在特许期限内违约或由于不可抗力因素使项目建设或运营不现实等。特许期结束后进行正常移交时，政府要向项目公司支付费用。如果在特许期内项目公司成员所获取的收入足以产生合理的利润，而项目维护得当，运作正常，那么移交时的支付是象征性的。如果在移交时项目设施损坏较多，修复费用则从项目公司的履约保证金中扣除。

项目移交标志着一个BOT公路项目的结束。

第三节　高速公路工程招投标管理

一、招标和投标的内容及意义

（一）招标

公路工程招标，是指公路工程建设单位就拟建公路工程的规模、公路等级、设计图纸、质量标准等有关条件，公开或非公开地邀请投标人推出工程价格，在规定的日期开标，从而择优选定工程承包者的过程。

（二）投标

公路工程投标，就是承包单位在同意建设单位拟定的招标文件所提出的各项条件的前提下，对招标项目进行报价。投标单位获得投标资料以后，在认真研究招标文件的基础上，掌握好价格、工期、质量、物资等关键因素，根据建设单位的要求和条件，在符合招标项目质量要求的前提下，对招标项目估算价格，并在规定的期限内向招标单位递交投标资料，争取"中标"。这个过程就是投标。

（三）高速公路招投标的意义

第一，促使工程项目按基本建设程序办事，认真做好工程前期的准备工作。

第二，有利于降低工程造价，缩短工期，提高工程质量；有利于推进公路商品化，利用有限的资金，加快公路建设速度。

二、招投标过程的阶段划分

招标过程一般可以分为三个阶段，即准备阶段，招投标阶段，评标、定标和签订合同的阶段。

1. 准备阶段

首先，按照招标人对设计、施工管理力量及工程项目复杂程度来确定项目的勘察、设计、监理、施工以及材料和机械设备的招标方式，确定合同类型和数量；其次，根据招标方式、合同类型编制招标文件，并报送上级主管部门；再次，编制资格预审文件，并报送有关部门审定；最后，还要编制标底，报上级主管部门审核。

2. 招投标阶段

即从资格预审开始到开标为止的全过程。招标人发售资格预审文件，审查确定合格人名单；再发售招标文件，组织现场考察及标前会议，回答投标人的问题；最后接受投标书及投标保函或保金，并召集开标会组织开标。

3. 评标、定标和签订合同的阶段

首先，审查投标文件并且综合比较各个文件的优缺点，从中选出3～5个投标对象；其次，对这些预中标人进一步澄清问题，并对各个标书的投标报价、投标人的素质、设备情况、质量保证体系等进行评审比较；再次，业主根据评标委员会提出的评标报告和推荐的中标候选人确定中标人；最后，业主同中标人进行合同谈判并签订合同。

三、工程招标方式

根据《建设工程招标投标暂行规定》和《公路工程施工招标投标管理办法》的规定，工程招标主要采用公开招标和邀请招标两种方式。

（一）公开招标

公开招标又称为无限竞争性招标，即招标单位通过公开出版物或通过广播、电视等新闻媒介公开发布招标广告，凡符合规定条件的承包商都可以自愿参加投标。这种招标方式叫公开招标。

（二）邀请招标

邀请招标又称为有限性招标，由招标单位向预先选择的数目有限（通常为3～5家）的承包商发出邀请信，邀请他们参加某项工程的投标。邀请招标的优点是被邀请参加投标

的竞争者数量有限，可以节省招标费用，使每个投标者的中标机会相对提高，这在一定程度上对招标投标双方都有利。邀请招标的缺点是限制了竞争范围，把许多可能的竞争者排除在外，不利于公平竞争。因此，国际上对邀请招标的适用条件进行了限制，主要包括：

第一，由于工程性质特殊，要求有专门经验的技术人员和熟练技术工人以及具备专用技术设备，只有少数承包商能够胜任。

第二，公开招标使招标单位支付的费用过多，与所能得到的工程价值不成比例，甚至是得不偿失。

第三，公开招标的结果不能产生中标人。

第四，出于工期紧迫和保密要求等其他原因而不宜公开招标。

四、招标文件的编制与组成

招标文件的编制是招标准备工作中最为重要的一环，招标文件既是提供给投标人编制投标文件的基本依据，又是招投标双方签订合同的基础，因此招标文件的编制必须做到科学、合理、完整、准确。

（一）招标文件编制的依据和原则

第一，遵守国家法律和法规，如合同法、经济法、反不正当竞争法等；如果是国际金融组织，还应遵守该组织的要求和规定，并遵守国际惯例。

第二，要公正地处理业主和承包人的利益关系，使承包人获得合理的利润。

第三，招标文件应该正确、详尽地反映项目的客观情况，使投标人的投标建立在可靠的基础上，这样也可减少履行过程中的争议。

第四，招标文件中各部分内容应力求统一。招标文件必须用词谨慎、明确，避免因文字的歧义而发生争端。

（二）招标文件的组成

公路工程建设招投标是按照一定的程序进行的。一项工程实行招标必须具备一定的条件，其中最重要的是编制建设施工招标文件，它是投标人编制标书的主要依据。由于招标文件的编制不是本书的重点内容，因此只简单介绍文件的各组成部分。

1. 投标人须知

其目的是使投标单位了解招标项目的性质、规模及相关信息，并以此编制投标书。

2. 合同通用条件

合同通用条件是已经形成规范化的文本，其目的是在招投标开始就对工程项目做出向导，使两方都处于公平竞争的合理位置。

3. 合同专利条件

由于不同的工程有不同的施工环境和专业特点，因此在使用合同通用条件时，应根据工程的具体情况对其加以修改和补充，这些就是合同专用条件的内容。

4. 合同格式

指合同中需要使用的各种文件的格式，包括合同协议书格式、履约担保书格式、动员费预付款银行保证书格式、劳务协议书格式和运输协议书格式等。

5. 规范

是从设计到施工中的一般总则、材料规格、施工要求质量标准以及计量与支付等内容，并按章节划分的各项技术指标、控制指标、实验规程和支付规定的总称。

6. 投标书及其附件

投标书是专门为投标单位准备的一份投标报价的空白文件。投标单位在详细研究了招标文件，并经现场考察工地后，确定投标报价的策略，然后通过单价分析和计算，得出该项目投标工程的总报价。招标文件提供投标书的目的是：一是为了保证各投标单位递送的投标书具有统一格式；二是为了提醒投标单位在投标后需要注意和遵守的有关规定。

第四节　高速公路工程建设监理

一、工程建设监理的概念

工程建设监理是指监理单位受项目法人的委托，依据国家批准的工程项目建设文件，有关工程建设的法律、法规和工程建设监理合同及其他工程建设合同，对工程项目实施的监督管理。

实行建设监理已经成为我国的一项重要制度，故称之为"建设监理制"。我国的建设监理制指的是国家把建设监理作为建设领域的一项新制度提出来。这项新制度把原来工程建设管理由业主和承建单位承担的体制，变为业主、监理单位和承建单位三家共同承担的新管理体制。在一个工程项目上，投资的使用和建设的重大问题决策实行项目法人责任制，监理单位实行总监理工程师负责制，工程施工实行项目经理负责制。监理单位作为市场主体之一，对规范建筑市场的交易行为、充分发挥投资效益、发展建筑业的生产能力等都具有不可忽视的作用。

二、实施工程建设监理的必要性

（一）实施工程建设监理制度是历史经验的结果

实施工程建设监理制度是由专业化的建设监理单位接受建设单位的委托，代表建设单位监督管理工程建设。实施工程建设监理制度，使原来由建设单位自行管理工程建设的小生产方式向专业化、社会化的管理方式迈进了一大步，强化了建设单位的监督管理。由于监理单位不承包工程，而只是代表建设单位，以专业化、社会化方式强化和延伸了建设单位对工程实施过程的监督管理职能。与此同时，监理单位也并非对建设单位"俯首帖耳、言听计从"，而是以独立的地位，按照工程合同行事，维护建设单位和施工单位双方的合法权益，从而形成了三方相互制约的建设格局。

（二）实施工程建设监理制度是社会主义市场经济的要求

随着我国的经济体制由计划经济向社会主义市场经济的转变，工程建设出现了投资来源的多元化、投资使用的有偿化、承包主体的市场化，并普遍推行了各种形式的经济责任制。工程建设各参与者的独立地位得到了增强，追求局部利益的趋势日益突出，这就不可避免地产生了投资规模失控、工程质量低劣、损失浪费严重、市场秩序混乱的问题。为了建立工程建设领域市场经济的良好秩序，约束工程建设各个环节的随意性，必须实施工程建设监理制度，加强对工程建设的有效控制。

（三）实施工程建设监理制度是对外开放的需要

改革开放以来，由国际金融组织以及外商投资、合资、贷款兴建的项目越来越多，已经构成我国工程建设的重要组成部分。这些项目的建设，投资者或贷款方基本上要求实行国际通行的工程建设监理制度。但是，由于我国以前没有这项制度及相应的监理队伍，因而在上述项目的建设中常常处于被动和不利的地位。多数工程的建设不得不由外国人来监理，从而使企业的经济收入及信誉受损。种种现实充分表明了我国建立并推广工程建设监理制度的必要性和紧迫性。另外，借鉴国际惯例组织工程建设，也是我国投资环境改善的标志之一，它有利于吸引更多的外资，进一步推动我国的对外开放。

三、工程建设监理的内容

工程建设监理的主要内容是控制工程建设的投资、控制建设工期和控制工程质量；进行工程建设合同管理，协调有关单位间的工作关系。因此，工程建设监理的主要内容也可以理解为"三控制""一管理""一协调"。

（一）投资控制

投资控制主要是在工程建设前期对工程的可行性研究进行监理，协助业主正确地进行投资决策，控制好估算投资总额；在设计阶段对设计方案、设计标准、总概算（或修正总概算）和概（预）算进行审查；在建设准备阶段协助确定标底和合同造价；在施工阶段审核设计变更，核实已完工程量，进行工程进度款签证和控制索赔；在工程竣工阶段审核工程结算。

（二）工期控制

工期控制首先要在建设前期通过周密分析研究确立合理的工期目标，并在实施阶段将工期要求纳入设计合同和施工合同；在建设实施期间通过运筹学、网络计划技术等科学手段审查、修改施工组织设计和进度计划，并在计划实施中紧密跟踪，做好协调与监督，排除干扰，使单项工程及其分阶段目标工期逐步实现，最终保证建设项目总工期的实现。

（三）质量控制

质量控制要贯穿在项目建设从可行性研究、设计、建设准备、施工、竣工动用到用后维修的全过程中。主要包括组织设计方案竞赛与评比，进行设计方案磋商及图纸审核，控制设计变更；在施工前通过审查承包单位资质，检查建筑物所用材料、构配件、设备质量和审查施工组织设计等，实施质量预控；在施工中通过重要技术复核、工序操作检查、隐蔽工程验收和工序成果检查，认证并监督标准、规范的贯彻，以及阶段验收和竣工验收，把好质量关。

（四）合同管理

合同管理是进行投资控制、工期控制和质量控制的手段。合同既是监理单位站在公正的立场上，采取各种控制、协调与监督措施，履行纠纷调解职责的依据，也是实施三大目标控制的出发点。

（五）关系协调

关系协调是指监理单位在监理过程中，对相关单位的协作关系进行协调，使相互之间加强合作、减少矛盾、避免纠纷，共同完成项目目标。所谓相关单位，主要包括建设单位、设计单位、施工单位、供应单位。此外，还有政府部门、金融部门、有关管理部门等。

四、高速公路工程监理质量检测及控制优化策略分析

（一）提升高速公路工程监理团队的综合素质水平

高速公路工程监理团队是各项质量检测及控制工作的第一执行主体，其综合素质水平也是影响高速公路工程监理质量检测成效的重要影响因素，针对这一情况，相关负责人必须重视专业化的监理团队组建工作。为此，首先要积极努力地倡导监理人员进行自我工作能力的提升，告知其具体的学习方向，如借助一些平台收集关于高速公路工程监理质量检测工作要点信息，国家出台的建筑工程施工规范及标准信息，现代化设备使用技巧等信息，强化其自身的自主学习意识以及自我提升意识，使每一位高速公路工程监理人员都能够做到自主提升。同时监理人员自身还要定期地进行工作上的反思与总结，在日常工作当中累积工作经验以及技巧，在保证工作质量的基础上大胆进行创新，并与其他管理人员商讨创新办法的可行性以及实践应用性。其次，建筑工程施工企业负责人要加强对于监理人员的培训力度，在培养其职业素养的同时，还要强化对其工作责任心以及实践创新精神培养的力度，保证其职业素养能够做到与时俱进地提升，满足当前高速公路工程监理质量检测工作的要求。最后，要定期开展工作研讨会，在会议当中，明确强调出高速公路工程监理质量检测工作对于当前高速公路工程监理质量提升的重要性，并在这种意识的引导下积极努力地商讨出工作期间所遇到的问题及解决办法，从而保证高速公路工程监理质量检测工作成效能够得到全面提升。

（二）健全高速公路工程监理质量检测管理制度体系

健全的高速公路工程监理质量检测管理制度体系，是保证相关工作人员可以做到有法可依、有理可据的基础保障性条件，同时也是提升质量检测工作规范性的基础保障。针对这一情况，相关高速公路工程监理质量检测管理人员就需要重点研究与工作内容相适的制度。具体而言，首先，需要落实连带责任追究管理制度，该项制度的落实目的就在于有效地提升工程监理人员的职权清晰性，要有效界定各个管理部门的职权范围以及

工作责任范围，然后部门管理者将工作任务进行细致的划分，细分到个人身上，保证某一环节出现问题之后，能够及时地找到问题的根源，并分析问题出现的原因，进而提升质量问题处理的及时性，并在此基础上提升工作人员的工作责任意识。其次，需要有效落实风险管理制度，对各个施工环节进行细致的风险排查，尤其是对施工现场的风险排查要加以关注，检测各个关键部位是否存在质量问题，预估可能出现的施工问题，然后提前制定出解决办法以及预防策略，在遇到风险问题之后可以做到有条不紊地处理，从而提升工程质量检测成效。最后，要落实安全管理制度，明确具体的安全施工标准，将施工安全与质量审查之间建立联系，告知施工人员质量检测的目的不仅是保证工程施工质量，也是保证施工人员的人身安全，然后引导质量检测人员严格依照施工安全标准对工程进行质量检测。

第四章　公路路基工程建设

第一节　一般路基

一、路基品质工程落实原则

路基工程是公路工程功能的主要载体，路基工程的"品质"对整条公路的"品质"有着重要作用，设计中应遵循以下原则：

（一）全寿命周期成本

在设计阶段对路基方案开展全寿命周期技术经济分析比选，综合考虑建设期成本、养护维修成本等。

（二）建养一体化

合理考虑工程远景扩展需求，充分考虑施工期预埋监测设施，尤其在路基防护和排水方案中要充分考虑耐久性、易养护性。

（三）耐久性设计

结合工程特点和环境条件，有针对性地开展耐久性专项设计，明确耐久性指标及控制要求。

（四）精细化设计

根据要求制定设计深度；总体设计要求明确、统一；专业设计衔接合理，细部设计完整，施工可操作性强，减少"错、漏、碰"，措施得当。

（五）标准化设计

积极推行设计标准化，对于边坡骨架防护、路基路面排水中的排水沟、边沟、排水槽、急流槽等各项工程，在设计中根据地形条件、材料来源等情况，主要构件采用标准化预制拼装设计。

（六）设计创新

设计中推广应用"四新"技术。

二、路基横断面贴近自然设计

为减少人工痕迹，路基横断面中的路肩、边坡、护坡道、边沟、碎落台、坡顶等几何形状应尽量以曲线代替常规的折线，在工程量和占地增加不大的情况下，路基边坡、路堑边坡可适当放缓，尽量使公路贴近自然。

三、路基横断面注重宽容设计

我国大部分地区土地资源紧张，道路用地严格受限，难以普遍设置足够的路侧安全净区，但是在有条件的低填路堤、浅挖路堑路段，则基本不增加用地、满足安全要求的情况下，可以采取放缓边坡、设置盖板边沟或宽浅边沟等方法，达到增加路侧净宽的目的。

四、节约用地的横断面设计措施

（一）改进边沟设置形式，减少土地占用

改进边沟形式能有效减少土地占用。一般道路设计常常采用梯形边沟，为了减小征地宽度，可采用U形或者矩形边沟，并根据汇排水分析计算，对于不需要边沟的路段可不设边沟。

（二）设置支挡工程，减少占用农田数量

对于基本农田或其他高价值土地路段，可采用设置路堤挡土墙的方法收缩坡脚。以挡土墙为主的支挡措施，在节约占地方面可以发挥积极作用。

（三）通过多种措施，压缩路基占地宽度

在满足规范安全的前提下，通过控制护坡道宽度（护坡道宽度取低值）、调整隔离栅的设置位置、调整路基边坡坡率等方法，减小占地宽度。

五、互通式立交匝道宽度的优化

互通式立交匝道两侧多安装有防撞护栏、警告标志、反光标牌等安全设施，经调查发

现，匝道左侧护栏由于距离行车道较近，经常容易被车辆碰擦、剐蹭，这不仅导致养护成本增加，更影响行车安全；在互通匝道养护维修期间，匝道上经常出现养护车辆停靠作业空间偏小的情况，特别是单向单车道匝道和对向分隔式双车道匝道在养护期间，专用作业车在匝道路面施工作业，导致匝道通行能力降低，服务水平变差，给正常行驶的车辆带来安全隐患；同时，互通匝道的设计应充分考虑事故情况下应急车辆的通行保障。

为解决上述问题，进一步提升高速公路互通匝道的服务水平，可以在符合交通运输部颁布的相关规定的前提下，对单向单车道匝道和对向分隔式双车道匝道宽度设计进行优化。

对于高速公路交通量大，养护、救援及大型车辆通行要求高的匝道，匝道断面宽度设计的通行条件应满足：当硬路肩专用作业车低速行驶时，货车能正常通行；当硬路肩停有载重汽车时，货车能慢速通行。

六、永久路基设计

路基作为路面结构的基础，其稳定性直接影响路面功能和行车的舒适性及安全性，我国路面设计理论一直遵循"强基、薄面、稳土基"原则，近年来随着公路建设对品质要求的不断提高，提出了"永久路基、长久基层、耐久路面"目标。稳定永久的路基是落实品质工程的重要保证。永久路基的实现可通过采取措施保持路基的强度及回弹模量在设计使用期间，一定深度范围内（尤其是路床范围内）比较稳定，不会发生显著变化，从而保持路面结构的承载能力比较稳定，不易提前产生结构性破坏。

对于粉土路基，应采用水泥石灰土来代替石灰土，以改善其压实性能，并提高抗冲刷能力。

粗粒土填筑路基，一般具有比石灰土更好的填料性能。只要按规范做好分层铺筑压实、原地表处理、台背回填、陡坡路堤、填挖交界设计等，路基可具有良好的长期稳定性。

当然，除了一般路基填筑以外，高填深挖路基、支挡结构及各种特殊路基必须按照严格的标准进行设计，才可以保证整个路基结构实现"稳定永久"的目标。

七、高填路基

现行《公路路基设计规范》规定，将填方边坡高度超过20m的路堤称为高路堤，要求对其进行专项地质勘察设计、综合设计和动态设计。在充分掌握场地水文地质条件、填料来源及其性质的基础上，综合进行路堤断面、排水设施、边坡防护、基底处理及路堤填筑工艺等的设计。

第一，一般情况下，高路堤处地形、水文地质条件复杂，影响高路堤稳定性的因素很多，在满足规范要求的稳定性分析基础上，应结合地区情况，充分考虑工程地质类比法，进行综合判断。

第二，在施工期路堤稳定性分析、路堤填料、施工工艺等满足安全条件的前提下，由于高路堤占地范围大，坡面宽阔，运营期间路堤稳定性受降雨因素影响较大，特别是暴雨或连续降雨工况。故综合排水系统、坡面防护的设计非常重要。

第三，高路堤所处地形、地质及路堤填料情况复杂，并且地质勘察存在一定局限性，设计阶段无法完全模拟施工期和运营期路堤所处的状态，因此高路堤的施工监控和动态设计是非常重要的。

八、深路堑设计

在充分掌握边坡地质和环境条件下，采用合理的分析方法，综合进行边坡分级高度和坡率、工程防护与植被绿化防护、截排水设施、分层开挖施工、预加固措施等设计。

第一，深路堑边坡稳定性评价遵循"以定性分析为基础、以定量计算为手段"的原则。结合工程地质条件，定性判断边坡可能的破坏形式和边坡稳定状态；结合边坡岩土体情况，选择合理的定量计算方法。

第二，水是影响深路堑边坡稳定性的重要因素。在充分分析工点水文地质条件下，加强地表截排水和地下综合排水系统的设计。

第三，深路堑设计应遵循"减载、固脚、强腰、排水"的原则，进行逐个工点设计，根据边坡的岩土体工程地质情况和稳定性分析判断，对边坡提出分级高度、边坡坡率、防护形式、加固措施等具体设计指标与方案。

第四，对于基本稳定的边坡，在设计稳定的坡形坡率基础上，建议适当加宽平台，加强坡面的防护排水设计，必要时进行坡体浅层加固。对于欠稳定的边坡，因在各种不利因素的作用下，将有边坡失稳或垮塌的可能，设计应首先考虑采用进一步放缓边坡、加宽平台，并适当进行坡面加固的方式来提高边坡的稳定性，当卸载受到限制时，采取"强支挡、弱削方"的原则来加固边坡。对于不稳定的边坡，必须进行支挡加固工程设计，或采用刷坡放缓与支挡加固相结合的方式，确保边坡稳定性。

第五，勘察是深路堑设计的基础，应强调地质综合勘察。但深路堑地质条件复杂、岩土体产状多变，地质资料一般不能完全反映工点地质条件，设计人员要及时跟踪施工过程中暴露的真实地质情况，对设计文件进行必要的补充和完善，保证边坡工程的安全、合理，故施工过程中的施工监测和动态勘察设计非常重要。

九、路基填料的就地取材与综合利用

（一）统筹社会资源，实现土方综合利用

公路建设里程长，且高等级公路由于受横向交叉的河流、道路等控制，需要同时满足洪水位、路基强度等要求，因此普遍具有较高的填土高度，这就造成用于填筑路基的填料数量巨大。

随着高速公路建设的发展和土地、生态环境保护要求的日益严格，沿线就近取土越来越难以实施，日益向统筹社会资源、谋求各方利益共赢的方面发展，实际操作中也取得了非常显著的成果。

（二）根据填料特性，采用相应处治措施

因不同的项目，其沿线土性特点各不一样，路基填料设计应结合区域特点进行针对性设计，如高液限土、粉土、膨胀土、盐渍土等，均须进行改良处理后，才能用于路基填筑。

对于山区公路，还存在石方、土石混合等挖方，其岩性种类多，在保证填料性质稳定的基础上，要重点保证压实质量及做好边坡防冲刷设计。

第二节　路基防护与支挡工程

路基结构长期受各种不利环境因素和汽车荷载作用影响，容易产生各种病害，需要采用必要的防护支挡措施和排水措施，来保障路基结构的强度、稳定性和耐久性，实现"永久路基"的目标。

一、公路路基支挡及边坡加固防护工程设计要点

（一）设计需要考虑的因素

在公路路基支挡及边坡加固防护工程设计中，须重点考虑综合效应、边坡稳定性、加强治理三方面因素。所谓综合效应，指的是设计人员须综合考虑防眩、防烟、防光等一系列因素，并同时加强公路边坡防护，以此充分发挥公路边坡的防护作用，提升防护效益；所谓边坡稳定性，指的是设计人员需要重点关注公路边坡的稳定性控制，降低外界环境温度变化、雨水冲刷对公路路基边坡表面及稳定性产生的影响，避免大面积的破碎、滑坡出现，以提升路基的可靠性。同时，还需要关注环境保护方面内容，降低公路路基支挡与边

坡加固防护对生态环境的影响，保证人工构造物更好地融入自然环境。所谓加强治理，需要设计人员有效结合柔性防护与刚性防护，以路基施工安全为基础，灵活选用植被防护方法、骨架防护及工程防护，来预防路基坍塌等问题。

（二）坡面防护设计要点

在公路路基支挡及边坡加固防护工程设计中，坡面防护设计属于重点。边坡破坏形式主要分为边坡坡面冲刷破坏和边坡失稳两种形式，可采用控制性工程（植被防护、骨架植草防护）和抑制性工程（工程防护）进行预防或修复。植物防护属于较为环保、经济的坡面防护方法，尤其对于坡率缓于1∶1的公路土质边坡，植物防护方法的应用优势明显。通过种植植被，利用其发达根系可稳固公路边坡，减缓温度及湿度的影响，有效降低公路边坡的水流速度，有效削弱水流对公路路基与边坡稳定性的影响并减缓水土流失。对于强风化、全风化的岩石边坡，当坡率缓于1∶0.75时，可采用骨架植物进行防护。对于坡面失稳防护则要采用工程的防护方法，常见的有（挂网）喷护、干砌（浆砌）片石、挡土墙、锚固（非预应力锚杆、预应力锚索）、抗滑桩等。

目前公路边坡中的喷护主要分为素混凝土喷护和挂网喷护，其中素混凝土适用于整体性较好、边坡不高的岩质边坡，挂网喷护则适用于中风化岩质边坡。喷护在施工过程中应注意地下水情况预留泄水孔并重点关注外界通风条件影响。

（三）沿河路堤坡面冲刷防护设计要点

沿河路堤坡面冲刷防护设计可细分为直接防护设计和间接防护设计。所谓直接防护设计，指的是采用直接防护施工方法加固公路路堤，路堤坡面的抗冲刷性能可由此提升。直接性防护措施属于设计人员首选的防护方法，例如在石料较为丰富的路段，防护形式材料可选用砌石、片石。比如在2.0m/s以下的河道流速路堤段，护坡可采用浆砌片石；在2.0m/s以上的河道流速路堤段，则可以采用片石混凝土护坡方法。间接防护设计主要通过导流、阻流改善水流性质，降低防护段落水流冲刷影响。在导流设计中，设计人员须综合考虑河流的运行情况，保证导流结构的设计科学，常见导流结构有格坝、丁坝、顺坝等。丁坝指的是堤岸与河流堤坝保持垂直状态，顺坝指的是堤岸与防护结构保持平衡状态，格坝则属于丁坝与顺坝的融合产物，呈现网格状，可有效规避淤泥堆积、高水位水流大量溢出等问题。

二、公路全过程生态防护设计

当前，生态防护设计理念在高速公路建设中已经被大量采用。在适宜植物生长的边坡上栽种花草树木，既可防止雨水对路基边坡的冲刷，又可恢复因路基填挖而破坏的生态平衡，美化环境。但以前的生态防护设计关注的重点是公路运营期的生态效益，对施工期的生态环境影响考虑较少。在路基填筑过程中，以前采取的防护措施并不能与路基同步实施，导致雨季边坡冲刷严重，造成水土流失，对路基的质量、生态环境构成威胁。同时，路基施工产生的沙尘会对交通安全和人们的生活工作产生不利影响。

随着人们环保意识的增强，对路基边坡的生态防护也提出了更高要求。从以前只关注工程建成使用期的生态效益，提前至高速公路建设过程，实现了路基施工期的"边建边绿"的目标，将生态绿色理念贯穿高速公路建设和使用的整个生命周期。实现公路全过程生态防护的代表性技术就是秸秆纤维帘柔性护坡。秸秆纤维帘柔性护坡技术是生物护坡的增强版，它解决了生物护坡形成防护能力之前空窗期的边坡防护问题，降低了边坡防护综合成本，维护了地区生态平衡。

三、路堑边坡全生态防护设计

丘陵地区经济发达，生态环境优美。高速公路穿越这类地区，需要特别重视生态环境的恢复。对于不能通过放坡自稳的路堑高边坡，需要采用格梁锚杆或抗滑桩等支挡措施。山体的切割和防护措施的大量圬工，对当地环境影响较大。

全生态路堑边坡防护设计，要求景观专业与土建专业间相互衔接配合，共同确定合理的防护结构形式，为边坡种植与周边环境一致的各类植物群落提供条件。同时，改变传统的人为造景的景观设计，强调"朴素美"的理念。边坡防护形成的生态景观，要与周围环境融为一体，是周围环境的自然延伸，弱化人工痕迹。

四、生态挡墙工程设计

路基采用挡墙收坡以减少占地，是节约用地的有效措施。但目前常用的挡土墙，其墙身圬工很重，大量使用又会带来生态环保问题。在传统加筋土挡墙的基础上发展起来的柔性生态加筋挡土墙，能够有效解决这些矛盾。柔性生态加筋土挡墙与传统挡土墙相比，有如下优点：

第一，生态加筋挡土墙的面板，具有优良的可植生性，可以采用喷播、插枝等技术栽种植物，实现全墙面绿化，具有极佳的生态景观效果。同时能吸收噪声，可以拼装成各种造型，改变了传统刚性挡土墙粗大单调的形象，真正做到结构与周围自然环境的和谐统一。

第二，其墙体属于柔性结构，墙后回填土为结构的一部分，面板材料与加筋网片互相连接，墙身整体性能好，不需要设置变形缝，因此能适应地基较大的不均匀变形，克服了传统挡土墙容易开裂的缺点，特别适用于软基路段和改扩建工程。

第三，墙面为透水性的结构，不需要再单独设计排水孔，有利于墙后土体内水的排出，保证挡墙的安全稳定。

第四，其柔性结构能吸收地震能量，较传统刚性挡土墙具有较强的抗震性能。

第五，圬工数量少，施工效率高，工程造价较低，挡墙高度越大，节约资金的特点越突出。柔性生态加筋土挡墙面板可以采用钢丝网片制成的格宾结构，也可以采用土工材料反包或者采用生态袋。绿色格宾加筋土挡墙的加筋格宾单元是全预制的结构，包括墙面、筋材、钢筋焊网、支撑体系、土工垫等，全部可以工厂化生产，现场拼装，有较强的适应性，因此工程应用较多。

五、防护新材料——秸秆纤维帘的应用

秸秆纤维帘所用的原材料为秸秆，可以就地取材。它是多层结构，上下两层定型网之间有纤维层、种子层、营养基质层等，其中营养基质层可根据使用需求添加肥料、保水剂、营养土等。

利用秸秆纤维帘进行路基边坡防护，实现"边建边绿"的技术原理是：现场装配式施工，将秸秆纤维帘覆盖于路基边坡上，在植物长成前，秸秆纤维帘自身起到护坡、防止水土流失的作用。若干天后，植物种子发芽生长，强韧的草根植物与秸秆纤维帘紧密结合成整体，达到抗冲刷的目的。在植物长成后，秸秆纤维帘自然降解，腐烂成植物肥料。

秸秆纤维帘护坡技术综合了土工网和植物护坡的优点，起到了复合护坡的作用，且可以做到零养护。秸秆纤维帘产品材料轻便，进场条件低，施工工艺简单，实现装配式施工，施工速度是传统圬工防护的10倍以上，可以做到与路基刷坡同步，有效缩短项目工期。

第三节　路基扩宽改建

一、新型土源供应方式及处理措施

（一）土方来源

改扩建公路路基工程需要大量土方，但受国土部门新政策的影响，无法通过设置取土坑来满足取土需求。因此，要求在设计过程中调查周边城市建设情况、水利工程建设情况，充分利用现有资源，减少对耕地的占用。具体土方来源主要有以下两种途径：城市基

础设施建设土方的综合利用；在建或规划水利、航道疏浚与整治工程废弃土的利用。

（二）土样试验

在路基施工时，由于外购土源存在一定的不确定性，在设计阶段应根据调查的土源做好相应的填料土样试验，为设计方案提供依据。现场施工时应根据实际的外购土源，补充相应的填料试验，以验证和完善路基填料设计方案。

二、CPTU测试技术的应用

既有高速公路运营多年，路基下的软土在经过上部老路荷载的作用下已经固结，与既有路基外侧的软土不同，发生了性质上的改变。因此，须查明二者之间的差异，以更好地指导设计、施工。CPTU测试技术可以方便获得相关的工程参数，评价高速公路改扩建工程中新老地基的工程特性，以估算工后新、老地基沉降量，预测变形趋势，从而采取合理的加宽措施。

（一）技术设备

对新老路基采用钻探、静探、十字板等常规手段，并结合CPTU、旁压等新方法新工艺综合进行新老路基的专项勘察。

（二）工作流程

第一，在调查收集已有地质资料的基础上，采用多功能CPTU测试评价道路工程地质、水文地质条件，并做出定量或定性评价。

第二，进行地层的划分和土类判别，对路基土体施工前后的固结、变形、强度、固结沉降等土工参数进行评估，研究施工前后新老路基的初始有效应力、超孔隙水压力及地基沉降的变化规律，明确新老路基固结渗透过程中相互耦合的作用机理。

第三，进行新老路基差异沉降的预测，提出基于CPTU测试的路基沉降动态实时预测，并对软土地基处理方案进行优化，提出新老路基工后沉降监控与控制方法。

三、新老路基衔接设计

新老路基接合部是高速公路改扩建工程的最薄弱部位，最易发生路基病害。接合部表面土体强度不足、台阶开挖不合理及加筋处治不当将导致拓宽路基沿接合面滑移或蠕滑，产生裂缝后路表水沿裂缝大量下渗，会加速路基的变形和失稳，因此为提升高速公路的使用寿命，须注重新老路基接合部台阶及加筋设计。

（一）台阶形式

老路边坡开挖的台阶可分为标准式、内倾式和竖倾式三种。

标准式：横平竖直，施工方便，但台阶角隅部位压实效果差。

内倾式：水平向台阶向内倾斜，可增加新老路基的嵌锁，增强衔接；但内倾式容易积水，影响压实效果。

竖倾式：竖向向外倾斜，有利于角隅部位压实，但减少了锚固的长度，施工难度加大。

因此，为提高新老路基整体稳定性，便于压实且防止台阶施工期积水，竖向选用竖倾式，横向选用水平式。

（二）台阶开挖方案

《公路路基设计规范》及《高速公路改扩建设计细则》中相关条文规定："拼宽部分路基与既有路基宜采用开挖台阶拼接，台阶宽度不小于1m。"因此，台阶宽度宜按照不小于1m控制，同时防止路基处理施工作业面不足，底部台阶宽度宜按不小于1.5m控制，顶层台阶为便于钢塑格栅得到有效锚固，台阶宽度设为2m。

粉砂土等特殊路段边部易松散且密实性较黏土路段差，施工开挖过程中易发生边坡坍塌等情况。此类路基在施工期间路基稳定性较差，台阶开挖困难，应采用小台阶形式。

（三）加筋设计

加筋能明显减少新老路基的不均匀沉降，但多层加筋与一层加筋相比，不均匀沉降、老路横坡比及新路横坡比改变量相差不大。故综合考虑经济效益及使用效果，在路基底部及路床中间各布置一层加筋材料。

钢塑土工格栅近年来由于在加筋方面的良好效果及耐久性而被广泛采用，因此可作为路基拼接的主要加筋材料；而土工格室具有较强的整体性、抗变形能力和较高的侧向限制及防滑能力，可运用在填土高度较高的路段，以增强路基的整体稳定性。

四、节地措施

针对改扩建高速公路的特点，必须依靠科技创新，寻求一种新的路基结构，以"施工速度快，少征地不征地，少填土不填土"为特征，来解决征地难、取土难的矛盾。

（一）桩板结构

桩板结构是一种新型的桩板梁结构，是由工厂化预制的板梁、管桩组成的框架结构体系。它在吸收既有码头、铁路桩板路基结构的使用经验基础上，结合高速公路荷载特点进行创新，形成高速公路装配化桩板结构。

桩板结构不设边坡和边沟，桩间不填土，解决了征地困难、填土量大的问题；桩板结构采用工厂预制，实现路基结构的标准化、工业化建造，有效提升施工效率，最大限度地减少改扩建工程对既有交通造成的影响；桩板结构刚度大，工后沉降小，能有效降低新老路基结合处产生裂缝和错台的风险，提升道路耐久性。

（二）采取措施，收陡边坡坡率，节约用地

考虑到项目区域土地资源稀缺，为减少征用土地，在地质条件较好的路段（非软土路段），采用在路基中部铺设加筋格栅的措施，收陡边坡坡率，节省用地，节约造价。

五、拼宽路基沉降控制标准

软土地基上高速公路改扩建工程的关键问题是新老路基之间的差异沉降问题。要解决这一问题，提升道路的耐久性，必须了解在新路基边载作用下新老路基的应力应变特性，在掌握新老路基沉降变形规律的基础上，根据新老路基路面结构的路用性能以及变形稳定的要求，确定改扩建工程新老路基的沉降控制标准，提出技术可行、经济合理的设计和施工方法。

对于不同加宽宽度的路基，相同的差异沉降量所引起的路拱横坡变化量是不同的。所以，采用路拱横坡度的变化率来表示新老路基的差异沉降更为合理。国内多条高速公路改扩建的实践表明，当纵、横坡改变量不超过0.5%时，能保证高速公路行车的平稳、舒适和排水畅通，能有效防止原路在新拼接路基荷载作用下产生纵、横向裂缝。考虑到地基处理施工完毕后难以补救，遵循"宁强勿弱"的设计原则，改扩建工程沉降控制标准宜设置为：拼宽部分路基应满足总沉降不大于15cm，工后沉降不大于5cm；拓宽路基的路拱横坡度增大值不应大于0.5%，相邻路段差异沉降引起的纵坡变化不大于0.4%。

六、临塘路段软基处理方案

软土地基处理的目的是同时满足沉降和稳定的要求，而改扩建工程与新建项目不同须考虑施工期间施工措施对既有道路的影响。临塘路段在抽水清淤后加大了临空高度，增加了既有高速公路路基垂直向的偏心荷载，易引发坡脚处地基土渗透变形，从而造成路基、路面开裂，甚至引起路基失稳。因此，须采取必要的措施，精细化设计，减少施工对既有道路地基的影响。

针对此类情况，设计中应对每处河塘按实际位置进行稳定性验算，对稳定性较差的临塘路段采取如下措施：

第一，优先采用抗滑稳定性能更佳的地基处理方式，如双向水泥土搅拌桩等。打设时先施工河塘与坡脚范围内桩基，后对河塘采用填土挤淤，再进行剩余搅拌桩的施工。

第二，当搅拌桩处理深度不足，须采用处理深度更深的刚性桩时，此时先采用素土填筑河塘（不清淤），然后直接打设桩基，避免抽水清淤对既有路基产生影响。

七、防护、排水圬工废料的再生利用

改扩建工程老路边坡防护、边沟等圬工废旧材料工程量较大，基于改扩建工程的"绿色公路""最大限度利用现有工程""节约土地资源"等基本原则，减轻高速公路沿线环境负荷，须对废料进行再生利用，降低社会能耗。考虑到施工工序的影响，应将排水和防护的圬工区别利用。

（一）排水圬工

排水圬工主要是既有道路的边沟，它位于改扩建工程的拼宽范围内，拆除时间较早，可与土混填，用来填筑施工临时便道。

（二）防护圬工

防护圬工主要包括边坡的防护、支档等，其拆除时间为施工中段。设计中应充分研究废弃圬工的回收、破碎和再生骨料的生产工艺，破碎后可用于护脚墙、河塘清淤底部回填料以及其他工程的填筑，减少占地，降低社会能耗。

第四节　特殊路基

特殊路基主要包括软土、液化土、膨胀土、多年冻土、滑坡、崩塌、岩溶、泥石流等特殊性岩土路基及不良地质段路基。因此，选用合理的特殊路基处理措施，对控制项目投资、保证处理效果和提升路基工程的品质至关重要。

一、基于品质工程的软土地基处理设计

软土地基在我国沿海及内地河流两岸和湖泊地区分布广泛，是高速公路建设中最多需要处理的特殊岩土地基。软土地基处理措施选取是否得当，设计控制标准是否合理，不仅影响高速公路建设期的投资，也对运营期的养护及工程的耐久性至关重要。

软土地基处理设计应根据软土的成因、发育程度、公路沿线分布状况、埋深、厚度、

含水率、液塑限指标、压缩特性、固结特性、抗剪强度等软土自身的物理力学性质，结合路基填土高度、工程所在地的设计施工经验进行多种处理方案技术经济比选，加强与总体专业、地质勘察专业的互动，因地制宜选择安全可靠、技术先进、经济合理的处理方案，以提高路基工程的品质。

（一）加强前期的现场调查与地质资料的消化吸收

现场外业调查资料的完整性与准确性对最终软基处理方案的选择有着较大影响，尤其是要重视对于沿线暗塘、垃圾填埋场等地下隐蔽不良地质体的走访调查。对于新建公路，可通过走访询问当地百姓了解暗塘和垃圾填埋场的位置；对于改扩建公路，除了走访询问外，需要和老路建设前的地形图进行对比，发现沿线暗塘及垃圾填埋场的位置。对于沿线高压线的位置，要详细记录高压线的位置和走向，软基处理设计时需要核对此处高压线的迁改方案，对路基施工期不能确定高压线迁改完成的位置，软基处理方案要在设计文件中有明确交代（迁改完成和未完成采用不同的方案），以免引起施工期间的设计变更，影响工程造价。

为保证软基处理方案精细化、施工后的耐久性，确定处理方案时要全面系统地消化吸收地质勘察资料，有些设计缺乏必要的地质勘察资料或对软土地层了解得不全面，仅仅通过简单查用勘察报告给出的岩土参数，不进行深入分析，盲目地套用规范给出的沉降稳定计算公式进行软基设计，而未考虑规范公式使用的范围、条件以及地层的实际情况，软基计算会成为"数字游戏"，设计方案变为"空中楼阁"。

（二）合理确定路桥分界高度

软土地区高速公路路桥分界高度主要受软土分布状况、土地资源、工程造价等因素的影响，设计时应对桥梁方案和路堤方案的技术经济进行比较，由于路基填土高度、地基处理强度的不同，路堤方案及桥梁方案各有优势，一般路段在无地基处理的情况下，桥梁造价远高于路基造价。

（三）因地制宜选择软基处理措施

1. 浅层软土的处理

挖除换填是软土地基处理中较为常见的一种方案，一般适用于软土埋深小于3m的路段，具有处置彻底、质量容易保证的优点，但挖除换填会产生大量的废弃土方，同时须外运取土，甚至高价购买当地并不丰富的碎石、砂砾等填料，外运取土和废弃淤泥均需要占用土地，且对环境造成影响，不符合当前建设品质工程绿色公路的理念。

软土的原位利用技术是一种利用固化剂对软土等土体就地进行固化，使土体达到一定强度或其他使用要求，从而对土体进行就地利用或达到地基处理要求的方法。该方法可以避免土体开挖、置换等施工操作，直接原位施工，实现资源循环利用、保护环境的目的。

目前高速公路建设中的软土原位利用技术主要包括软土原位固化技术和软土原位碳化技术。在浅层软土处理中，当大面积采用挖除换填方案时，可与软土原位利用技术进行综合比选，选取适宜的处理方案。

（1）软土原位固化技术

软土原位固化技术的关键在于固化剂的选择和高效的混合搅拌机械设备。通过选择固化剂的种类和掺量，可取得所需要的固化速度和效果。目前国内外固化土选用的固化剂主要包括无机型固化剂、离子型固化剂、复合型固化剂、固化酶、有机高分子固化剂等，考虑到固化剂的掺量对固化土工程造价的影响很大，故实际工程主要使用水泥、石灰、粉煤灰等无机型固化剂，根据软土性质和使用要求的不同，一般软土中固化剂掺量为 $70 \sim 200 \text{kg/m}^3$。原位固化针对浅层软土地基（软土深度一般控制在5m以内，尽量不要超过7m）处理，可采用边固化边推进的形式形成满堂固化加固区，并根据需要对于软土地基下部分进行抽条加固以节省造价。

（2）软土原位碳化技术

软土原位碳化技术与原位固化技术最大的不同是将MgO与土体混合进行原位搅拌，MgO掺量为5% ~ 10%。将搅拌后的混合土摊铺碾压，并注入CO_2进行碳化反应，以提高软土承载能力、降低软土压缩性。

碳化加固后的地基可在数小时内达到预期强度，而水泥土和石灰土要经过7d甚至28d的养护才可以达到所需强度，原位碳化技术缩短了工期，大大提高了施工速率。碳化所用的固化材料MgO在生产过程中煅烧温度、能耗以及废气和粉尘等污染物排放均比传统固化材料低；并且在使用过程中可以吸收大量的温室气体CO_2，具有显著的环境效益。

2.深层软土的处理

不同设计人员由于认知和经验的不同，对于深层软基处理，习惯仅根据软土处理深度的不同选择搅拌桩或管桩，为落实深层软基处理品质工程理念，须在考虑全寿命周期成本的前提下，对深层软基进行耐久性、精细化和标准化的设计。

（1）细致核实软土地层资料

重视地质勘察报告中软土地层的描述及钻孔柱状图中土层的现场记录，尤其是当软弱土层中含有砂礓层时，须及时与勘察专业进行沟通，了解砂礓的分布状况（局部少量分布还是成层成片分布），沿线具体分布在什么位置，是否需要适当增加勘探孔以探明砂礓的分布状况，否则可能在后期施工过程中存在搅拌桩无法穿透砂礓层而变更设计的情况。某高速公路改扩建工程中，原设计未重视软土层中是否含有砂礓层，按照常规设计采用水泥搅拌桩进行地基处理，现场施工时发现局部有成片分布的砂礓层，导致水泥搅拌桩打不下去，只能变更设计为预应力管桩处理。

（2）核实现场条件，设计方案与施工条件匹配

双向水泥土搅拌桩施工所需净高较高，对于沿线存在高压线的位置，设计时经常对计划迁改的高压线段落按一般段落采用双向水泥土搅拌桩软基处理，而在施工阶段出于种种原因，有些地方的高压线未能按计划迁改，因此设计时须核对每处的高压线迁改方案，尤其是施工图设计期间对路基施工期不能确定高压线是否迁改完成的位置，软基处理方案要在设计文件中有明确交代（迁改完成和未完成采用不同的方案），以免引起施工期间的设计变更，影响工程造价。对这些限高影响的路段软基处理，目前常用的做法是调整为施工需要净高更低的高压旋喷桩进行处理。

除了目前常用的高压旋喷桩，近年来低净空条件下的双向接杆搅拌桩技术也得到了应用，可用于高压线、已有桥梁下施工高度受限区域的地基加固施工。该技术可满足4m以上低净空等特殊条件下水泥土搅拌桩施工作业的功能要求，其施工桩长可达25m；其钻杆拼接对中结构，改变了原有吊装拼接钻杆过程效率低、危险性高的特点，实现了内外钻杆的便捷拼接，且内外钻杆的旋转不受彼此影响，使得在低净空条件下可以采用双向钻杆进行施工。

（3）双向水泥土搅拌桩与预应力混凝土管桩处理深度的合理确定

一般软基路段优先考虑采用双向水泥土搅拌桩处理；对于软基埋深较大处，考虑采用预应力混凝土管桩处理，对于搅拌桩和管桩处理深度的选择，在进行管桩与搅拌桩处理方案比较时，应综合考虑路基填土高度、桩长、桩间距、桩径等因素，分别对不同深度的软土情况进行比较，根据规范要求和桩的工作特点，搅拌桩长度考虑进入相对硬层0.5m，同等条件下管桩长度比搅拌桩长0.5 ~ 1m。根据经济比较结果确定两种桩型的分界处理深度。

（4）合理选择预应力混凝土管桩类型

目前公路软土地基常采用的管桩主要有PTC、PHC两种类型。近年来，PHC越来越多地被采用，认为采用的管桩强度越高，软基处理效果越好。但这种看法是片面的，在软基处理中，管桩是与桩间土一起作为复合地基承受荷载的。根据土力学原理和现场观测数

据，绝大多数情况下都是桩间土体先发生破坏，进而引起复合地基的全面破坏，因此对于路堤段的管桩处理完全没有必要选择高强度的PHC，采用一般的PTC即可，并且PTC的造价比PHC要便宜10%～20%。只有当现场存在一些打入困难的地层，防止锤击打入管桩时因锤击力过大将桩头打碎时，才考虑采用PHC。

（5）拼宽段桩承式路堤设计

对于高速公路改扩建拼宽段路堤，当其存在较深厚软土层时，原则上拼宽路基设计采用预应力混凝土管桩处理。在拼宽段台阶处打设两排管桩，建议在1/3及2/3填土高度的台阶处。目前，有些设计理念认为当填土高度较低时可仅在台阶处增设一排管桩，这是不符合桩承式路堤受力原理的，因为对于桩承式路堤，要想发挥桩的作用，一是要适当扩大桩顶，形成一个小承台；二是要形成有效的土拱作用，以充分发挥桩间土的承载能力，同时可将荷载有效地传递到管桩上。若要发挥土拱作用，则至少需要打设两排管桩，一排管桩无法形成土拱作用。

二、基于品质工程的液化土地基处理

（一）考虑全寿命周期成本的液化地基处理精细化设计

1. 正确选择路基段液化判别深度

一般来说，采用判别深度为20m较15m地基液化指数要大，这就造成原本按15m深度进行液化判别为轻微液化的地基，若按20m深度进行液化判别，则为中等液化，势必增加工程造价。对于一般路基段的液化土地基处理按照抗震规范，应采用判别深度为15m地基液化指数，只有当采用的桩基或构筑物基础埋深超过5m时，才应采用判别深度为20m地基液化指数。

2. 考虑全寿命周期成本的液化地基处理设计

路堤相对于桥梁、挡土墙等结构物更便于修复，因此考虑全寿命周期成本，在进行路堤抗震设计时，应对地基液化关键因素进行深入分析，有针对性地进行地基液化处理设计。地表覆盖土非液化土层对砂土液化能起到抑制作用，在一定的覆盖压力作用下，地震时可以减轻或抑制液化砂土的喷冒现象。当地表覆盖土非液化土层较薄时，地基中液化砂土容易发生喷冒现象，因此在进行液化地基设计时与一般软土地基不同，对于路堤中部填土较高的部分可以适当降低处理强度，而对于路堤边坡处尤其是在坡脚排水沟底部，由于取土减小了其覆盖层厚度，这些部位的地基处理相对于路堤中部要考虑适当加强。

（二）新技术在液化地基处理中的应用

对于浅层液化土（小于3m）一般采取挖除换填方法。对于深层液化地基处理应用最多的是增加地基密实度的方法，如振动挤密碎石桩法、强夯法。其中，碎石桩法加固效果明显，但处理范围有限，并且需要大量砾石、碎石类填料，造价高；强夯法快速可靠，经济效益好，但有效加固深度有限，振动对居民环境影响较大。

十字共振密实法是属于深层振动密实的一种新型工法，因此它的使用也有着一定的适用范围。一般情况下，粉质黏土、粉土、砂土等无黏性土或黏粒含量少和透水性好的杂填土地基均可通过振动密实法加固。但对于胶结土，振动密实效果是不好的。土层振动会破坏结构性强的土的结构，随着时间的推移，颗粒间接触点的惯性力消除或刚度损失等很难保证密实过程的有效性。

第五章 公路路面工程建设

第一节 长寿命路面结构及材料设计

一、长寿命路面理念

全寿命周期成本及耐久性设计指标，是"工程设计"评价的重要组成部分，同时是落实"优质耐久、安全舒适、经济环保、社会认可"建设目标的重要措施。

20世纪60年代修建的沥青路面未产生结构性损坏的原因在于，路面结构本身基本上消除了传统的在面层底部产生的疲劳损坏，路面的损坏只产生在路面上部，此为长寿命路面理念的来源，即当沥青路面厚度大于某一阈值，外界荷载作用导致的应变小于路面材料自身的极限应变时，不会产生从下到上的疲劳开裂，同时，路面结构不会产生结构性车辙破坏。

结合行业发展现状及趋势，积极研究并发展长寿命路面，提高高速公路沥青路面的耐久性，是打造品质工程的重要举措之一。

二、长寿命路面的定义

长寿命路面是指经过良好设计及施工的路面，在最大设计荷载及环境因素下未超出预估值，且经过及时、合理的表面维修和处置，其路面结构具有良好的长期服役的能力。

由此可知，长寿命路面并不是一直不发生损坏，而是通过合理的设计、良好的施工及维护，保持路面结构长期服役状态良好，路面的损坏只发生在表层，仅须对表层损坏进行周期性修复。

三、长寿命路面的设计标准

国内外关于长寿命路面的结构形式并不一致，但其目的是一致的，即提高路面的耐久性，保证路面承重结构层具有较长的设计寿命，因此，可将主要承重层和路表功能层的设计寿命作为主要控制指标。

目前关于长寿命路面的设计寿命，国内外并无统一标准，但通过分析其主要特点可知，各国的长寿命路面在以下方面达成了共识：设计寿命较长，通常大于30年；在设计寿命内，路面不发生结构性破坏，路面损坏主要发生在路面表层，无须进行结构性大修；路面的控制损坏模式为自上而下，其实质上是一种变寿命设计理念；出于耐久性需求，路面厚度增加，建设初期的费用可能有所增加，但后期维修费用相对较低，全寿命周期内成本分析效益显著。

四、长寿命路面结构组合设计

目前，根据基层类型及路面结构组合形式的不同，国内外长寿命路面形式主要有四种：全厚式沥青路面、半刚性基层沥青路面、刚性基层沥青路面以及组合式基层沥青路面。因此，在长寿命沥青路面结构设计中，应根据不同结构层位的功能定位和需求，开展分层设计，使结构需求与材料性能相匹配，保证结构设计一体化。

在"强基、薄面、稳土基"的指导思想下，半刚性基层沥青路面已成为我国高速公路路面的主要结构类型。半刚性基层沥青路面的强度和刚度较高、板体性较好，在承受车辆荷载、传递和扩散荷载等方面具有较好的优势。为了进一步完善半刚性基层沥青路面的结构设计，提高其耐久性能和服役寿命，国内进行了大量的探索和研究。从现有的工程实践经验和研究成果来看，基于半刚性基层的长寿命沥青路面，将是我国长寿命路面的重要发展方向之一。因此，结合我国的实际情况，基于现有经典弹性层状体系理论及设计指标、参数体系，对半刚性基层长寿命沥青路面的结构层定位和功能需求进行阐述。

（一）沥青层

沥青表层提供路面的功能特性及需求，如良好的平整度、行车舒适性、降噪性能、抗滑性能等。此外，沥青表层直接与外部环境接触，设计时应充分考虑抗老化及抗开裂性能。性能优良的表面层，能够有效阻止外部环境介质进入路面结构内部，对于保证路面结构的整体稳定性能具有重要作用。中下面层是承受行车荷载作用的高应力区，须具备较好的抗剪切和抗疲劳能力。

（二）基层

半刚性基层是主要的承重层，同时承受由面层传递的车辆荷载带来的压应力和拉应力。因此，基层应具有一定的强度和刚度，并具有良好的抵抗疲劳破坏的能力。目前，国内外长寿命沥青路面设计方法中，并未明确提出半刚性基层的设计控制指标。根据我国半刚性基层沥青路面的实际使用情况以及理论研究可知，基层模量的提高，有利于提高路面结构的整体承载能力，但同时将导致基层层底弯拉应力增加而产生开裂，缩短疲劳寿命的风险增大。

因为半刚性基层主要由无机结合料稳定材料组成，是荷载敏感性较强的结构层位，在结构及材料设计时，可通过增加沥青层厚度下移半刚性基层、提高半刚性基层材料的质量均匀性和施工均质性，降低施工变异性，提高工程可靠性，确保施工与设计的一致性，这是实现半刚性基层长寿命目标的重要途径。而在实现手段上，应继续深入研究双层连续摊铺、振动压实、抗裂型水泥稳定碎石等有利于提高结构整体性和均质性的"四新"技术。

（三）土基

土基是路面结构的基础，通过适当提高土基自身的刚度，可以有效消散基层传递的应力，并有效控制车辆荷载在基层内产生的应力。

结合相关高速公路铺筑的长寿命路面试验段的观测情况，分别对柔性基层长寿命路面和组合式基层长寿命路面的路面进行概述。

1. 柔性基层长寿命路面

①结构承载能力：试验段的实测代表弯沉略高于传统半刚性基层路段，或与之相当，但与设计弯沉相比，柔性基层试验段的实测代表弯沉均较小，表明其结构承载能力较好。

②路面破损状况：通车10年后，试验段和对比段的路面损坏状况指数（PCI）评价均为"优"，但长寿命试验段破损状况略优于传统半刚性基层路段，或与之相当。

③路面抗裂能力：长寿命试验段的裂缝度指标显著低于半刚性基层路段，柔性基层长寿命路面可显著减少路面裂缝。

④路面车辙状况：长寿命试验段和半刚性基层路段的车辙深度基本维持在 5 ～ 10mm 之间，两种路段的车辙深度相当。

2. 组合式基层长寿命路面

①结构承载能力：组合式基层试验段与半刚性基层路段的实测代表弯沉相当，与设计弯沉相比，两种路面结构实测代表弯沉均较小，说明其结构承载能力较好。

②路面破损状况：试验段和对比段PCI评价均为"优"，组合式基层试验段与半刚性基层路段的破损状况相当。

③路面抗裂能力：总体上，组合式基层试验段的裂缝度指标显著低于半刚性基层路段，在组合式基层中，增加柔性基层的比例，有利于提高路面结构的抗裂能力。但部分试验段出现了相反的结果，须结合路面结构方案、材料试验、施工养护信息进行进一步分析。

④路面车辙状况：组合式基层试验段和半刚性基层路段的车辙深度基本维持在 5 ～ 10mm 之间，两种路段的车辙深度相当。

五、结构—材料—施工一体化设计理念

高速公路路面结构服役寿命在未达到设计年限就发生大规模损坏的一个重要原因是，路面的结构设计、材料设计、施工质量之间存在不协调和脱节，从而导致材料服役行为不能满足结构设计的预期，而施工质量难以体现设计的意图。良好的路面结构，是结构、材料、设计及工艺的综合体现。发展长寿命路面，除了设计理念的改变外，还应做到结构设计、材料设计、施工工艺的有机结合。

这里重点围绕结构设计、材料设计、施工工艺三者的关系，从结构与材料一体化、设计与施工一体化，对长寿命路面的建设理念进行进一步阐述。

（一）结构与材料一体化

沥青路面的结构设计和材料设计，历来是路面设计关注的重点和研究的热点，它们推动和引导着行业的进步与发展。但受技术水平、经济水平等因素的限制，在目前的路面设计过程中，结构设计和材料设计仍然处于相互割裂的状态，尚未形成真正的一体化，这也是路面结构早期损坏严重、服役寿命达不到设计寿命的重要因素之一。

按照现行公路沥青路面设计规范的要求，沥青路面的设计主要包括四个步骤：

1. 初拟路面结构组合

根据气候环境、公路等级、交通量和土基类型等因素，初步拟订路面结构组合方案及路面结构层厚度。

2. 确定材料性能要求及参数

针对初步拟订的路面结构组合方案，确定各层材料性能参数。

3. 路面厚度及性能指标验算

验算路面结构厚度，并根据规范要求，对相应的路面设计指标进行验算，判断其是否满足规范要求。

4. 技术经济性比选

对初步拟订的几种路面结构组合方案进行技术优缺点和经济性比选，并选定最佳的路面设计方案。

按照上述步骤进行路面设计，结构设计与材料设计之间出现脱节的情况，主要体现在如下四个方面：

第一，各结构层位的分工不明确，层位功能特性不清晰。

第二，结构层设计参数取值不准确。当缺乏试验数据时，往往采用经验值或推荐值，

但这样不能真实地反映材料的服役状态。如路面结构设计过程中常用到的基层水泥稳定碎石的劈裂强度、弹性模量，沥青混合料的动态压缩模量、永久变形量、土基回弹模量等设计参数，在结构验算时常采用经验数据或规范推荐的数据，缺乏实测。例如，一些地区路基填料实际采用强度较高的天然砾料或无机结合料处治土，其加州承载比（CBR）及路基回弹模量较高，但在结构验算和设计时仅按照规范要求的土基回弹模量最低值取值。

第三，材料设计方法不够完善。以中面层的抗车辙功能设计为例，高模量沥青混合料能够改善沥青路面抗车辙性能，但高模量沥青混合料的设计并不是简单参照现行马歇尔设计方法，通过简单掺加添加剂或硬质沥青来提高沥青混合料的模量。此外，高模量沥青混合料的性能评价指标与传统的沥青混合料性能评价指标也存在较大差异。

第四，材料性能要求与设计参数不统一。在路面结构设计中，结构验算通过后须进一步提出各结构层材料的具体性能要求，其主要依据是现行规范的相关要求，而规范取值须考虑对不同区域的普适性，推荐的技术要求往往较低，如改性沥青SMA混合料的技术指标采用动稳定度，要求不低于3000次/mm，但进行材料的抗车辙设计时，则应验算材料设计结果来提出相应的动稳定度。可见，材料性能指标及要求与验算采用的设计参数并不统一。此外，现行规范本身缺少与设计参数相对应的材料性能要求。如在半刚性基层沥青路面结构进行验算时，水泥稳定碎石基层的设计参数为劈裂强度和弹性模量，但现行规范对基层水泥稳定碎石的技术指标却为7d无侧限抗压强度，并未采用劈裂强度和弹性模量。

加强路面结构—材料的一体化设计，有助于促进路面材料的服役形态更真实地体现结构设计的意图，从而减少或延缓路面病害的产生，延长路面的使用寿命。

结构—材料一体化设计不是简单的叠加，而应该体现其内在融合。

第一，根据当地的交通轴载、气候条件、公路等级及材料供应等情况，参考以往的经验，初步拟定出路面的结构层次和厚度，以此路面结构和假定的各层参数，进行路面结构的力学计算和温度应力分析。

第二，按照各层的功能要求选择合适的混合料类型。

第三，根据对路面使用性能的分析以及力学特性的要求，确定出合理的路面结构组合，从而找出最优的路面结构形式。

第四，当具备条件时，应采用先进的智能感知技术，对路面结构的实际服役状态参数、路面结构性能和表观性能参数进行采集和分析，进一步深入了解道路结构服役性能的发展规律，为长寿命路面结构设计提供指导和参考。

（二）设计与施工一体化

科学的路面结构设计与材料设计是保障路面结构性能和服役寿命的前提，而先进的施工工艺和施工质量则是保证设计意图得以实现的基础。目前，我国路面施工普遍存在变异性偏大、工程可靠度偏低等实际情况，导致了实际施工与设计要求或意图之间存在一些偏差。

1. 施工变异性大

施工变异性体现在结构层厚度及压实度不均匀、沥青混合料温度离析、混合料级配离析、水泥稳定碎石强度不均匀等方面。

2. 设计意图落实不足

如实际施工无法满足设计理论假设条件，按现行弹性层状体系理论设计的路面结构，默认层间接触状况完全连续（层间黏结完好），但在实际施工过程中，由于黏结料的撒布、施工车辆的随意碾压等，容易出现封层、黏层的剥落，造成层间黏结不佳，导致层间接触状态不连续甚至滑动，当层间接触条件发生改变后，路面结构受力状况将发生巨大变化。

3. 施工质量控制不足

如沥青混合料和水泥稳定碎石混合料的摊铺过程中的离析、沥青混合料的摊铺温度等因素，都对施工质量具有重要的影响。

4. 试验结果准确性不高

在生产配合比的设计、现场原材料的抽检过程中，各类试验结果的准确性，如数据统计分析方法、密度测试方法、压实度测试方法等，对施工质量的控制均有直接的影响。

实际上，改进施工工艺、严控施工质量，一直是提高路面质量和服役寿命的有效手段。从某种意义上说，长寿命路面并不仅仅是一种路面结构，更是一种理念，是一种综合考虑结构、材料、性能、施工和维护等因素的设计方法。无论是美国、欧洲还是我国的长寿命路面，其基本措施中均强调了改进施工工艺和施工方法的重要性。

因此，我国的长寿命路面应充分重视设计与施工的有机结合，除了加强结构设计、材料设计、施工管理和质量控制以外，还应进一步从如下三个方面进行改进：

（1）在思想层面应充分重视

充分认识到提高施工均质性、降低施工变异性，对于提高路面质量、延长使用寿命的重要作用。

（2）积极尝试"四新"技术

对于提高混合料均匀性的振动搅拌技术、提高层间黏结和均匀性的双层摊铺技术、减少施工冷缝的宽幅摊铺技术、具有更广泛温度适应性的温拌及常温混合料技术等"四新"技术，应积极尝试和总结。

（3）精细化管理与控制

积极总结标准化的施工方法、精细化的施工管理与质量控制体系，促进施工质量水平充分实现设计意图。

第二节　路面精细化设计

一、设计参数的合理确定

（一）交通量荷载参数

交通荷载数据主要通过交通量观测、车辆自动识别仪、称重系统等手段来采集，采集的交通荷载数据主要包括车型，数量，每辆车的轴数、轴型、轴重、轮胎组成等。

轴载谱（轴重分布系数）是从整体上精确描述轴载的重量分布情况的重要参数，它与经济发展水平、经济特征、交通管理政策等因素有较大关联，因此，在路面设计中，分析这些交通量及轴重数据就可以得到各类车辆的类型分布系数、各类车辆各种轴型的轴载谱、交通量的大小及增长情况等相关交通荷载参数。

动态称重系统（WIM）实测方法，可对沥青路面轴载谱进行分析，以获得路面设计所需的交通荷载参数。在高速公路改扩建工程路面设计阶段，可通过收集项目路的WIM数据，分析得到项目路交通量、轴载谱等参数，利用这些实测的数据进行当量轴载换算，就可以得到能反映实际情况的当量轴载换算系数，从而更客观和精确地反映交通荷载特性，为更合理地进行路面结构设计提供基础。

（二）材料参数

路面材料的各项力学性能指标是材料选择、组成设计和路面结构分析的重要参数。路面材料应根据公路等级、交通荷载等级、气候条件、各结构层功能要求和当地材料特性等，在技术经济论证基础上进行设计，并确定材料要求及设计参数。

材料参数一般按三个层次水平要求采集。在精细化设计中，材料性质参数应立足于标准试验方法进行实测确定。

1.路基材料要求及参数确定

路基的材料要求主要是路基土回弹模量。利用动三轴试验仪在规定的加载条件下测定路基土的动态回弹模量，在经过湿度调整和干湿与冻融循环作用折减后，得到用于结构计算的路基顶面回弹模量。

2. 无机结合料稳定类材料要求及参数确定

无机结合料类基层弹性模量一般通过单轴压缩模量试验方法进行确定，无机结合料基层的沥青路面在进行结构验算时，须采用弯拉强度作为设计强度指标。

3. 粒料类材料要求及参数确定

粒料类材料主要用于基层和底基层，采用CBR值作为控制指标。此外，粒料类结构层还需要具有一定的疏水能力，故需要控制碎石混合料中0.075 mm以下的细料含量。

与路基材料相同，粒料类材料参数同样是利用动三轴试验仪在规定的加载条件下测定的动态回弹模量。

4. 沥青结合料类材料要求及参数确定

沥青结合料应采用道路石油沥青或其加工产品，沥青类型应根据公路等级、气候条件、交通荷载等级、结构层位和施工条件等确定。

对于重载交通、连续长大纵坡高速公路沥青面层材料，须在中、上面层中采用高性能沥青或添加剂，以保证其具有优异的抗车辙变形能力。

对于排水、降噪等大孔隙沥青路面，须考虑采用高黏沥青作为结合料，以保证其具有优异的沥青—石料黏附性能和抗水损害能力。

对于寒冷地区，须考虑沥青类材料的低温抗裂性能（包括沥青蠕变劲度和沥青断裂应变），以保证沥青临界开裂温度不高于最低路面设计温度。

沥青混合料设计参数主要有单轴压缩动态模量试验测定的动态压缩模量、单轴贯入试验方法测定的沥青混合料贯入强度，沥青混合料层永久变形量主要通过沥青混合料动稳定度值以及车辙深度来确定。

二、结构组合设计

路面结构组合设计应主要针对各种路面结构类型的力学特性、功能特性及其长期性能衰变规律和损坏特点，遵循路基路面综合设计的理念，保证路面结构安全、耐久和全寿命周期成本最优。

在路面结构组合设计中，需要根据各结构层的特性，结合当地交通荷载、现有材料、地质地理、气候环境以及施工水平等要素进行精细化设计。

（一）路基

1. 路基设计须考虑路基支承条件

对于承载力较弱的路基，应采取改善路基的措施，在满足规定的最低支承要求后再考虑路面结构；对于承载力较强的路基，可以相应减少路面结构层的强度或厚度。

2. 路床处于潮湿状态的情况

一般宜设置级配碎石、砂砾等粒料类底基层或采用化学改良土改善层，确保路基处于干燥或中湿状态。

3. 季节性冰冻地区

为防止路基出现冻胀的情况，一般宜采用路堤形式，对于填挖过渡以及低填浅挖段，建议采用卵石土、碎石土或片块石对路基进行换填；对于多雨地区土质路堑和强风化岩石路段，应加强填挖交界处及路基段的排水设计，改善路基水文状况。

（二）基层和底基层

基层是沥青路面结构的主要承重结构，基层的使用性能，主要是满足结构强度的要求。底基层是位于基层与路基之间的过渡性结构，对于其使用性能更侧重功能的要求。

1. 无机结合料稳定类基层

选用无机结合料稳定类材料作为基层和底基层时，一方面应保证足够的结合料用量，以满足对结构强度、承载能力和耐冲刷的要求；另一方面考虑无机结合料稳定类材料本身的温缩和干缩特性，不可采用过大的结合料用量。

在路面结构组合设计时，为减少基层的收缩裂缝、沥青面层的反射裂缝和唧泥（浆）病害，可考虑以下措施：

①选用抗裂型水泥稳定碎石基层等抗裂性好的、耐冲刷的无机结合料稳定类基层，采用骨架密实型级配，严格控制细集料0.075mm通过率，在配合比设计中采用振动搅拌技术及振动压实成型方法。

②增加沥青面层厚度或在沥青面层中采用多层改性沥青混合料，以提高沥青层的抗裂能力，改善无机结合料稳定类基层的受力状况，进而延缓面层反射裂缝的扩展速度。

③在无机结合料稳定类基层和沥青面层之间，设置高油石比的改性沥青混凝土类应力吸收层或敷设土工合成材料。

④对于结合料用量较大的基层，也可采用横向预切缝的措施，以控制收缩裂缝出现的位置。

2. 沥青结合料类基层

沥青稳定碎石基层比半刚性基层具有更好的水稳定性，而且沥青稳定碎石基层与沥青混凝土层黏结牢固、模量接近，路面结构的受力、变形更为协调，起到应力消散的作用，大大延缓路面裂缝的产生时间。

对于柔性基层，其下承层可以为级配碎石，形成全柔性基层结构，也可以采用半刚性基层，形成柔性基层＋半刚性基层的组合式基层结构。

3. 沥青面层

面层结构的使用性能要求主要包括功能性能和结构性能两方面。因此，对沥青面层的性能要求是多方面的。

三、改扩建工程既有路面评价

对既有路面进行准确、合理的评价，是高速公路改扩建工程中老路利用的重要前提和依据。高速公路改扩建工程中的既有路面检测不同于日常的养护检测，不能按照《公路技术状况评定标准》要求的指标进行检测和评定，而应结合工程的特点及目标制定对应的检测项目和评定思路。

高速公路改扩建工程首先需要建立既有路面检测评价体系，可以从三个层面对既有路面的性能进行检测和评价：

（一）结构层面

采用弯沉检测、取芯、探地雷达等手段对既有路面结构强度、完整性进行检测和评估，主要包括结构层的承载能力、强度、完整性。

1. 承载能力指标

开展弯沉测试，对弯沉检测数据进行分析，筛选出承载能力不足的路段。

2. 强度指标

主要是指半刚性基层或底基层的无侧限抗压强度及抗弯拉强度。

3. 完整性指标

主要是指路面取芯芯样的完整性判断、采用探地雷达判断路面结构内部隐藏病害与缺陷。

（二）表观层面

通过车辙、平整度、路面破损等指标分析老路路面的表观性能，研究相应指标的发展规律，筛选出指标性能较差的段落和数量，主要包括老路的车辙、平整度、路面破损、抗滑性能等表观性能。

1. 车辙指标

对车辙深度进行检测，采用路面车辙深度指数（RDI）、车辙深度（RD）等指标进行评价，并与历年检测数据进行对比，研究其发展规律；对RD较大的路段，分别按照千米、百米进行评价和统计，作为老路病害处治的基本依据。

2. 平整度指标

对平整度进行检测，采用国际平整度指数（IRI）进行评价，并与历年养护数据进行对比。

3. 路面破损指标

采用人工调查的方式，对主要病害类型、面积、分布情况进行统计分析。对病害类型占比、横向裂缝间距、裂缝度、修补面积率、纵缝面积率、PCI等指标进行分析，分别按照千米、百米进行评价和统计。

4. 抗滑性能指标

结合检测资料，对横向力系数的发展规律进行评价。

（三）材料层面

对路面芯样开展室内试验，测试面层沥青胶结料、沥青混合料、基层水泥稳定碎石的相关材料性能，为后续的相关性分析、路面扩建方案的制订提供数据支撑，主要包括针对老路路面材料开展的检测分析。

1. 沥青胶结料

取样抽提回收沥青，开展延度、软化点、针入度、黏度指标测试，评估沥青老化情况，为路面材料再生方案的制订提供参考。

2. 沥青混合料

测试不同层位沥青含量、级配、马歇尔稳定度、水稳定性、动态模量等指标，对既有沥青层的路用性能进行评价，为老路利用方案的制订提供依据。

3. 基层材料

对基层芯样开展无侧限抗压强度、劈裂强度、回弹模量等指标的测试，对其破损情况、层间黏结、厚度进行统计，评价基层的承载能力。

最后，应根据既有路面调查检测结果综合分析病害原因，判断路面病害的层位、破坏程度、发展趋势及既有路面的可利用程度。

四、改扩建工程路面改造路段划定与方案拟订

在既有路面改造设计之前，须对各检测评价单元适当合并形成设计单元，主要考虑以下因素：

第一，同一设计单元内路面结构、使用性能、交通荷载状况基本相同。

第二，同一设计单元内路面结构强度、路面损坏情况较为接近，评价等级基本一致。对于段落内局部路段或结构强度偏大的测点，可先进行局部补强。

第三，设计单元最小长度应与施工方法相适应，一般不宜小于500m。对于水文、地质条件复杂或需要特殊处理的路段，其分段长度可根据实际情况确定。

在路面设计单元划分之后，根据路面总体改造方案及原则，确定各路段的改造方案以及路面抬高的高度。

（一）整体结构强度满足要求

1. 基层及中下面层保持完好，多数病害未贯穿表面层结构

建议直接加铺罩面层。

2. 基层及中下面层保持完好，表面层发生较大面积损坏

建议表面层铣刨重铺。

3. 基层保持完好，面层整体发生较大面积损坏

建议沥青面层铣刨重铺。

（二）整体结构强度不足

1. 基层及面层保持完好，多数病害未贯穿表面层结构

建议直接加铺补强。

2. 基层保持完好，面层整体发生较大面积损坏

建议面层铣刨、基层补强。

3. 基层或底基层发生较大面积破坏

建议路面结构重建，并根据路基情况确定是否需要对路基进行处理。

五、改扩建工程路面与相关专业的协调

（一）路面改造方案与路线纵断面的协调

第一，根据各段抬高高度进行路线纵断面初次拟合，为提高纵断面设计与老路面的拟合精度，改扩建工程纵断面一般按照左右幅设计线分别进行纵断面设计。其中，纵断面拟合的原则是纵断面抬高高度不低于各路段改造方案要求的最小加铺厚度。

第二，路面专业根据初次拟合后的纵断面，逐段核查纵断面与路面改造方案的符合性。

第三，根据纵断面与路面改造方案符合性的核查结果，对纵断面进行第二次拟合，最后根据纵断面设计，细化各段路面改造方案。

第四，纵断面抬高路段应根据不同的抬高高度，制订不同抬高区间内的路面结构方案。抬高过渡段路面各结构层的最小厚度应满足规范要求，每个区间内抬高高度的变化原则上通过调整最下层的结构层（调平层）厚度来实现，以节约工程造价。

（二）路面改造方案与路面横坡的协调

高速公路改扩建工程设计横坡一般采用2%，既有路面在运营多年后，由于路基局部不均匀沉降、路面维修等，既有路面横坡实际值与原设计值存在一定的偏差，也与扩建后的设计横坡值有差异，因此，横坡拟合与调整也是高速公路改扩建工程的关键技术问题。路面横坡设计根据既有路面改造方案做如下考虑：

第一，当既有路面采用铣刨重铺方案时，既有路面和拼宽新建路面横坡统一为2%为宜其中既有路面可采用等厚铣刨不等厚摊铺的方案来调整横坡，当加铺结构层较多时，原则上将加铺结构的最下层作为调平层来调整横坡。

第二，当既有路面采用直接加铺方案时，在满足排水和超高设置要求的前提下，可采用如下几种横坡设置方案：

方案一：既有路面与拼宽新建路面统一采用2%横坡

该方案的优点是全幅路面采用统一横坡，路表整体性好，车辆变道舒适性好；其缺点是既有路面需不等厚加铺，且沿线既有路面横坡不一致，增加施工难度。

方案二：拼宽新建路面顺接既有路面横坡

该方案的优点是全幅路面采用统一横坡，路表整体性好，车辆变道舒适性好；其缺点是拼宽新建路面需根据既有路面横坡进行分段设计，全线横坡不统一。当既有路面现状横坡较小时，横向排水效果较差。

（三）与桥梁构造物的协调

一般路基段路面改造方案与构造物路面改造方案不完全一致，原则上一般路段与构造物沥青上面层方案应保持一致并同步摊铺施工，以保证路面加铺改造后的整体性。对于路基段与构造物段的纵断面加铺厚度不一致的情况，在桥头搭板以外设置路面结构纵向过渡段进行过渡，为了保证线形，过渡段的相对纵坡不大于0.1%。

六、改扩建工程路面结构拼接

（一）拼接方法

在高速公路改扩建工程中，有效的路基拼接可避免或延缓由于拼接部位路基沉降而对改扩建工程造成的不利影响，而路面拼接则是在路基拼接有效实施的前提下，为保证面层使用品质而进行的更细致的拼接处理，具体包括基层的拼接及面层的拼接两个部分。拼接方案中结构部分也以台阶开挖拼接方法为主，与路基不同的是，路面部分台阶主要采用铣刨的方法，且铣刨精度要求较高。沥青混凝土路面拼接应采用搭台阶方式，基层、底基层台阶搭接宽度不应小于0.25m，面层台阶宽度不宜小于0.15m。另外，在沥青层拼接设计中需要考虑界面黏结材料的选择，以及防止拼接缝处产生反射裂缝的措施。

（二）拼接位置

车辆在道路上行驶时，总的轴载通行次数按一定规律分布在车道横断面上，称之为轮迹的横向分布。

车辆轴载的空间分布不均匀，可造成同一条道路使用性能的横向分布差异。裂缝、网裂、龟裂、车辙、拥包、松散、坑槽诸多病害主要出现在高频率轮迹带上。对于高速公路改扩建工程来说，新老路面拼接处始终是路面结构的薄弱环节。车辆作用于此会产生较大的拉应力和剪应力，这样就会加速上述病害的产生和发展。因此，在选择新老路面拼接位置时，基层拼接缝宜避开轮迹带。此外，对于纵断面抬升路段，新老路面横向拼接应根据纵断面不同抬升高度对应不同的加铺方案，细化相应的横向拼接设计。

（三）拼接缝黏结材料

改扩建项目拼宽车道路面与既有路面拼接处竖向界面的黏结也十分重要，若处理不好容易造成拼接缝处开裂，或沿拼接缝渗水而导致路面破坏。

竖向界面处理措施主要分沥青面层拼接缝材料和基层横向拼接缝材料。

第一，沥青面层横向拼接缝材料一般采用乳化沥青、改性乳化沥青及热沥青等，乳化沥青、改性乳化沥青施工较为方便，但由于易流淌，尤其对于竖向界面而言，很难涂刷均匀；而热沥青在涂刷施工时，涂刷均匀程度及涂刷数量相对容易控制，但常温下沥青较难充分渗入孔隙，很难将新老面层有效结合，因此需要采用喷枪加热或采用热沥青喷洒设备进行喷洒，施工较为不便。在实际施工过程中，须根据施工季节、施工气温等条件选择合适的黏结材料。

第二，基层横向拼接缝材料一般采用水泥浆或水泥混凝土界面剂，在新老基层拼接摊铺碾压之后，在拼接缝处宜采用灌浆的形式进行封闭，促进新老基层形成受力整体。

第三，对于路面横向拼接缝处产生离析的情况，可采用封水剂对拼接缝及孔隙进行封闭处理，避免离析处路表水下渗而对路面结构产生破坏。

第四，在新老路面主要层位的拼接缝搭接处跨缝设置聚酯玻纤布或者抗裂贴，可延缓拼接缝开裂后向上形成反射裂缝的速度。

七、改扩建工程交通组织的协调

改扩建工程的交通组织方案及施工组织方案的总体原则是须结合路面改造方案制订，如既有路面病害处理及铣刨加铺改造施工，须封闭既有路面所在车道，将对应方向的车辆导改至本侧拼宽路面车道或对面方向车道通行；如路面方案为纵断面抬高路段加铺方案，原则上既有路面和拼宽部分路面应同时进行加铺施工，则施工半幅车道应全封闭，该方向所有车辆均须导改至对向车道。

对于局部段落二者无法匹配时，路面改造方案需要根据交通组织、施工组织方案的总体安排，进行局部调整。

由于施工期交通组织会引起车辆行驶速度变缓、渠化交通作用更加显著，既有路面将会急剧劣化，主要表现在车辙、拥包、开裂等，在路面病害处治设计时，应充分考虑该因素。

八、改扩建工程路面排水设计

既有路面排水系统失效或设置不当，可能会导致路面内部排水不良，引起路面水损坏，表现为唧泥、松散、坑槽等。存在此类情况时，改扩建设计中应重新设置排水系统或采取措施提高原排水系统的排水能力。

如中分带防渗措施失效，雨水可经由中分带渗入路基和路面结构层。在改扩建设计时，应注意调查既有路面是否发生由于中分带渗水而导致的水损坏，并检测路基含水量，如已出现上述损坏，须对中分带进行改造，重新设置防渗土工布等防渗措施，并设置横向排水管或排水盲沟等措施来降低渗水对路面的影响。

对于超高路段，首先应评价既有超高排水系统的排水效果，如既有超高排水设施存在排水不畅甚至已经失效的情况，应重新进行超高排水设计，可在左侧路缘带设置排水效果较好的缝隙式排水沟或矩形盖板沟等排水设施。

此外，也应结合现场踏勘，仔细排查土路肩边部排水和横向排水是否有效，存在排水效率不足（失效）等情况时，应采取疏通、增设排水设施等措施。

对于改扩建项目，还应注意拼宽车道与既有车道路面结构的协调，避免拼宽车道影响既有车道层间水的排出，同时，应注意拼接缝位置的防水，避免雨水经由拼接部位渗入路面结构层。

对于拼宽部分沥青面层厚度比既有沥青面层薄的路面结构，由于外侧基层顶面高于内侧基层顶面，既有沥青面层的层间水横向排出存在阻碍。针对这种情况，可考虑采用以下解决方案：

第一，拼宽部分路面在对应内侧基层顶面位置，设置一层开级配或半开级配的沥青碎石排水基层，如开级配沥青稳定碎石（ATPB）、大粒径排水沥青碎石（LSPM）等，可保证既有车道层间水的顺利排出。

第二，拼宽部分路面在内侧路面基层顶面拼接处，设置纵向碎石盲沟，碎石盲沟两侧及底面包裹防渗土工布，并且纵向每隔一段距离设置一处横向排水管，将碎石盲沟中的层间水排出路基。

九、钢桥面铺装设计

由于车辆作用下钢桥面变形大，局部应力集中（各纵向加劲肋、纵隔板、横肋或横隔板与桥面板焊接处等），桥面板的温差大，对防水防锈和层间黏结要求高，且承受较大的震动作用，钢桥面铺装的使用条件比水泥混凝土桥面和普通路面要苛刻得多。

目前，国内钢桥面铺装主要有如下四种常见类型：改性沥青SMA混合料、浇注式沥青混凝土、环氧沥青混凝土以及这几种类型的组合。从设计角度考虑，钢桥面铺装应充分考虑气候、交通、桥型、桥面技术参数（如钢板厚度等）、施工条件等因素，选择合适的铺装类型，设计材料的技术指标和施工控制指标。

（一）大跨径钢桥面铺装

大跨径钢桥面最有效的结构形式之一是正交异性钢箱梁桥面板结构。正交异性钢桥面板以其结构质量轻、运输与架设方便、施工周期短等特点，越来越多地在大跨径桥梁中得到广泛应用。从减轻桥梁自重，提高行车舒适性以及适应钢桥面板的大变形等方面考虑，大多数国家均倾向采用薄层沥青混合料作为钢桥面铺装层。大跨径钢箱梁桥的桥面受力体系是由正交异性板和沥青混凝土铺装层组成的。

针对大跨径正交异性钢箱梁桥面系的特点，要求桥面铺装层高温性能、低温性能、抗疲劳性能均比较优异，且铺装层与钢桥面板有较好的随从性。目前应用较为成功的大跨径钢桥面铺装结构主要有以下三种类型：双层环氧沥青混凝土；下层浇注式沥青混凝土＋上层环氧沥青混凝土；下层浇注式沥青混凝土＋上层高弹沥青混凝土。

（二）中、小跨径钢桥面铺装

中、小跨径钢桥，一般是指跨径为 30 ~ 50m 的钢桥。相对于大跨径钢桥而言，其要求相对较低。中、小跨径钢桥除了正交异性钢箱梁桥之外，还有钢混组合梁、钢桁梁等结构形式。

相对于大跨径钢箱梁桥桥面对沥青铺装层要求较高而言，中、小跨径钢桥对于桥面铺装层的厚度和材料要求相对宽松。除了常见的环氧沥青混凝土、浇注式沥青混凝土、SMA 沥青混凝土之外，近些年来，刚柔复合式桥面铺装结构层也越来越多地被运用，主要有"剪力件（＋钢筋网）＋轻质混凝土＋SMA""钢＋超高性能混凝土＋沥青磨耗层""超高韧性混凝土＋沥青磨耗层"等。通过在钢桥面上焊接剪力件、设置钢筋网等手段使钢板和铺装层结合更牢固，变形一致，提高钢—混凝土组合层的协同工作能力，可改善铺装层的开裂、推移、拥包和防水等问题。另外，通过在混凝土层中掺钢纤维和微膨胀剂、在墩顶负弯矩区增设粗钢筋、墩顶钢纤维混凝土后浇等措施来减少桥面板裂缝，并在混凝土层和沥青铺装层之间设置防水层，防止铺装层渗水。

刚柔复合式桥面铺装，相比环氧沥青、浇注式沥青等薄层铺装，造价较低。采用钢纤维混凝土铺装，钢桥面板刚度增加，能够进一步提高正交异性板抗疲劳性能。此外，钢纤维混凝土铺装施工难度较低，无需专用设备，施工和组织相对简单。但是，在钢纤维混凝土铺装使用期间，铺装层万一损坏，由于剪力钉的存在，无法采用正常铣刨工艺，只能人工凿除。因此，钢纤维混凝土仍需要进一步研究。

第三节　节能环保路面设计

一、旧路面废料再生利用

高速公路改扩建工程不可避免会产生大量的铣刨料，如果直接废弃，不仅会造成资源浪费，还会对环境造成极大污染。如对铣刨料进行再生利用，既有利于环保，也可节省资源，符合集约、节约的绿色公路理念。

旧路面废料再生方式主要分为厂拌热再生、就地热再生、厂拌冷再生、就地冷再生和全深式冷再生五大类，其中厂拌冷再生又可分为沥青类（乳化或泡沫沥青）厂拌冷再生、无机结合料（水泥）厂拌冷再生两种。不同再生方式优缺点比较见表5-1。

表5-1　不同再生方式的比较

方式	简介	优点	缺点
厂拌热再生	在拌和厂将沥青混合料回收料破碎、筛分后，以一定比例与新矿料、新沥青、沥青再生剂等加热拌和成沥青混合料	①恢复甚至改善旧沥青混合料的路用性能；②以热拌沥青混合料的形式实现旧路面沥青层材料再生利用；③再生工艺易于控制，再生后的沥青混合料性能比较理想；④适用范围广	①旧料需要加热，对环境造成一定影响；②需要对拌和楼进行改造；③沥青混合料回收料（RAP）利用率相对其他再生方式低，废料回收利用率不高；④需要对旧料进行处理，添加再生剂，造价较高
就地热再生	采用专用设备对沥青路面就地进行加热、翻松，掺入一定数量的新沥青、新沥青混合料、沥青再生剂等，经热态拌和、摊铺、碾压等工序，实现旧沥青路面面层的再生，可分为复拌再生及加铺再生两种	①修复沥青路面表面层病害；②恢复沥青表面层物理力学性能和使用功能；③实现旧路面沥青层材料的就地再利用；④施工期较短，对交通的影响较小；⑤实现了高掺配比现场再生利用，节省了材料转运费用	①再生深度通常限制在2.5～6cm之间，无法进行深层次再生；②不便于处理旧路深层次病害；③无法除去已经不合适进行再生的旧混合料，级配调整幅度有限
厂拌冷再生（沥青类结合料）	在拌和厂将沥青混合料回收料破碎、筛分后，以一定的比例与新矿料、再生结合料（乳化沥青或泡沫沥青，以及少量水泥）、水等在常温下拌和成沥青混合料	①以常温拌和沥青混合料的形式实现旧路面沥青层材料的再生利用；②恢复和改善旧沥青混合料路用性能；③再生工艺易于控制，再生混合料性能较好；④适用范围广；⑤能耗低、污染小	①再生混合料强度的形成需要较长的时间；②需要专用拌和设备；③不宜用于高速公路路面的表面层、中面层
厂拌冷再生（无机结合料）	在拌和厂将无机回收料破碎、筛分后，以一定的比例与新矿料、再生结合料（无机结合料，一般为水泥）、水等在常温下拌和成无机结合料稳定材料	①再生对象主要为非沥青层，可将病害严重的半刚性基层通过水泥再生为基层或底基层材料；②再生工艺较为简单；③旧料利用率较高，能耗低、污染小；④适用范围广	再生后利用层位较低，利用价值不高

方式	简介	优点	缺点
就地冷再生	采用专用设备对沥青层进行就地铣刨，掺入一定数量的新矿料、再生结合料（乳化沥青或泡沫沥青以及少量水泥）、水，经过常温拌和、摊铺、压实等工序，实现旧沥青路面再生	①实现旧路面沥青层材料的常温拌和及就地再利用； ②完全利用旧料； ③施工过程的能耗低、污染小	①施工质量控制难度较大，再生效果不稳定； ②需要专用施工设备，对施工设备要求高； ③工程应用经验尚少
全深式再生	采用专用设备对沥青层及部分下承层进行就地翻松，或是将沥青层部分或全部铣刨移除后对部分下承层进行就地翻松，同时掺入一定数量的新矿料、再生结合料、水等，经过常温拌和、摊铺、压实等工序，实现旧沥青路面再生	①再生深度达30cm，可同时对沥青层和非沥青层进行再生，也可单独对非沥青层进行再生； ②施工工艺简单、施工速度快； ③完全利用旧料； ④施工过程的能耗低、污染小	①再生后利用层位较低； ②废料再生价值较低

各类再生方式均有其优缺点和适用性，选用何种再生方式应根据工程性质、工程特点、路面技术状况等因素而定。相较于大中修养护工程，高速公路改扩建工程具有设计年限长、工程可靠度要求高、路面使用性能要求高等特点及需求。结合改扩建工程的特点及需求，分析各类再生方式在改扩建工程中的适用性。

高速公路改扩建工程路面设计中应重视旧路面废料的再生利用，将不同的再生技术应用于适用的情况，降低资源浪费，达到节能环保的品质工程设计目的。

二、排水沥青路面

路面抗滑性能对高速公路行车安全具有重要影响，尤其在雨雾天气，路面湿滑引发交通事故的概率比平常高出几倍，甚至几十倍。提高抗滑性能尤其是雨雾天气下的路面抗滑性能是践行品质工程有关安全设计的重要体现，排水沥青路面孔隙率大、雨水下渗及排水速度快，不易形成水膜，其抗滑性能远优于常规沥青路面。表5-2列出了排水沥青路面与传统抗滑表层沥青混合料路面在安全性能、噪声防治等方面的比较。

表5-2 排水沥青路面与其他抗滑表层沥青混合料路面技术特点对比表

对比要素		SMA路面	AC路面	排水沥青路面
安全 性能	抗滑性能	抗滑较好	抗滑较差	高抗滑、刹车距离短
	雨天行车	水雾大，能见度降低		雨天行车无水雾，跟车行驶能见度好
	视觉效果	路面色泽较暗，夜间车灯照射 有眩光，干扰对向行车视线		路面颜色鲜亮，夜间可吸收前灯照射光， 减轻眩光
噪声防治		噪声中等	噪声较大	低噪声（可降低噪声3 ~ 8dB）

　　除优异的抗滑性能外，排水沥青路面还具有噪声污染低、抑制水雾、防止水漂、减轻眩光等突出优点，是一种可有效减轻高速公路环境作用效应的路面结构形式。排水沥青路面由于孔隙率较大，车辆在其上行驶时，被压缩的气体能通畅地钻入路面孔隙内，减少泵吸现象，当声波入射到材料表面时，一部分在材料表面发生反射，一部分则透入材料内部向前传播。在传播过程中，引起孔隙中的空气运动，与孔隙内壁发生摩擦，由于存在黏滞性和热传导效应，将声能转换成热能消耗掉，从而达到降噪的目的。

　　为保证排水沥青路面的耐久性，高速公路排水沥青路面应采用高黏度改性沥青，技术性能应符合相关标准。混合料采用开级配的矿料级配设计方法，为了在混合料内部形成大量相互连通的孔隙，孔隙率一般为18% ~ 25%。

　　由于集料飞散及飞散引发的坑槽是排水沥青路面最容易出现的结构性破坏形式，因此世界各国大多将混合料的飞散损失作为排水沥青路面最重要的性能指标，一般规定飞散损失率应不大于20%（25℃）。根据我国现有排水沥青路面工程实践，从保证路面耐久性角度出发，建议透水沥青上面层排水沥青混合料的飞散损失率不大于15%。

　　由于排水沥青路面在安全性能、噪声防治等方面较SMA类、AC类沥青路面具有明显的优势，自引入我国后其应用逐渐得到推广，国内典型工程有西安机场高速、江苏盐通高速和宁杭高速、江西永武高速、四川遂资高速等。随着排水沥青路面在我国高速公路中的应用逐渐增多，排水沥青路面设计技术也日臻成熟。

三、温拌沥青混合料

　　温拌沥青混合料（Warm Mix Asphalt，WMA）技术是指使用物理或者化学手段，增加沥青混合料的施工和易性，同时不对道路路用性能产生负面影响的一种新的工艺技术。WMA技术的施工温度介于热拌和常温拌和之间，较热拌沥青混合料生产和施工温度可降低30 ~ 50℃，节约能耗20% ~ 30%，甚至30%以上，可有效减少有害气体排放、改善施工环境。同时，温拌沥青的存放温度较低，容易存放；由于WMA在摊铺、压实过程中温度较低，碾压完成后可快速开放交通。因此，WMA较热拌沥青混合料的施工期要短，可在低温季节施工，适用于隧道等环境敏感区域的施工，可减少沥青混合料施工对环境的影响。

目前，温拌沥青混合料种类很多，按其降黏机理主要分为三类：有机降黏型温拌技术、发泡沥青降黏温拌技术和乳化分散沥青降黏技术。

有机降黏型温拌技术是指通过向沥青或沥青混合料中添加有机化学产品，降低沥青高温拌和黏度，以提高沥青的工作性能。

发泡沥青降黏温拌技术是向热沥青中添加冷水，水受热变成水蒸气，沥青体积迅速膨胀，诱发沥青发泡，使得沥青黏度降低，通过泡沫沥青来实现较低温度下沥青混合料的拌和。根据沥青发泡的大小，它可分为泡沫沥青技术和微发泡技术，其代表技术分别是WAM-Foam技术和Aspha-Min技术，前者是利用水的瞬间汽化来发泡沥青，发泡倍数大、半衰期短，但需要一个专门的沥青发泡装置；后者发泡的倍数小，属于微发泡，水的释放可以持续到100℃，发泡周期长，长时间维持混合料的工作性，且不需要专门的发泡装置。

WAM-Foam技术无需任何添加剂，可降低拌和温度至100 ~ 120℃，并可在80 ~ 90℃的温度时摊铺、碾压，降低30%的能耗，减少30%CO_2、50%灰尘的排放。Aspha-Min技术的拌和温度一般为130 ~ 145℃，减少30%CO_2、40% ~ 50%灰尘的排放。

乳化分散沥青降黏技术是指在沥青拌和过程中的适当时机引入表面活性剂及水，通过表面活性剂、水与沥青的共同作用，在拌和过程中实现相互交织融合，在沥青内部形成结构性水膜，通过水膜润滑作用实现较低温度下的拌和，达到温拌效果。

温拌沥青混合料的初衷是为了促使公路领域向"低碳"方向改革发展，甚至通过牺牲部分路面性能达到节能减排的目的。随着温拌技术的不断发展，发泡沥青混合料施工和易性和路用性能与热拌沥青混合料已无明显差异；乳化分散沥青温拌沥青混合料的路用性能已完全达到热拌沥青混合料的性能，部分指标甚至更优。但温拌沥青混合料的耐久性和路面长期性能仍是需要继续关注的问题。

第四节　路面新科技的应用

高速公路品质工程设计方案应融入先进的设计理念，可积极采用先进适用的"四新"技术。近年来，路面专业涌现了大量的新材料、新技术、新工艺。在新材料方面，有提升路面耐久性的高模量沥青混合料、提升路面安全功能的融冰雪材料、提升路面环保性能的汽车尾气降解材料等新型材料；在新技术方面，有以多孔沥青混凝土、橡胶沥青混凝土和超薄沥青磨耗层为代表的路面降噪技术，以节能减排为主要特征的温拌沥青混合料技术；在新工艺方面，有沥青面层双层摊铺工艺等。

一、高模量沥青混合料

高模量沥青混合料是一种良好的抗车辙性能的新型路面材料，目前法国采用的高模量沥青混凝土主要通过两种途径：一种是采用低标号硬质沥青，主要采用针入度20（0.1mm）左右的沥青；另一种是采用高模量添加剂。通过这两种途径，高模量沥青混合料增加了胶结料与集料间的黏结力，配合比设计采用高沥青含量和低孔隙率来确保矿料形成密实结构，进而增加沥青混合料的强度和高温稳定性，并保证其抗疲劳性能。

目前，高模量沥青混合料多用于重载交通、高温地区、长大纵坡路段、桥面铺装以及机场道面等场合，主要用于解决普通沥青混凝土路面强度不足、高温性能不良等问题，可有效提高路面结构的耐久性。

二、低表面能缓释型融雪除冰材料

冬季路面积雪或结冰会大大降低路面的抗滑性能，对行车安全造成较大危险。低表面能缓释型融雪除冰材料即是针对冬季路面积雪或结冰状况而开发的一种功能性材料。

低表面能缓释型融雪除冰涂层技术是一种主动融雪除冰技术，它基于低表面疏水膜、复合冰点抑制剂和多孔材料协同作用，可有效增强冬季路面融雪除冰效果。沥青路面涂刷该材料后，涂料在其表面固化，降雪或结冰时析出涂层内的冰点抑制剂，在冰雪内部融化后，很快形成一个厚度约1mm的融雪除冰隔离层，减少降雪或冰层对路面的黏附力，从而加速冰雪融化，起到提高路面抗滑能力的作用。

该材料不仅可以起到融雪除冰的效果，还可以封堵沥青路面微小裂缝，对路面、钢结构、周边设施和植物等均没有负面影响，是一种环境友好、安全可靠的路面环保材料。

三、汽车尾气降解材料

汽车尾气中含有大量的有害气体，随着我国汽车保有量的迅速增加，汽车尾气排放日益受到重视。道路工作者利用光催化技术，开发了一种可降解汽车尾气的路面材料。该种材料推荐采用纳米TiO_2作为光催化剂，催化剂本身即是一种环保材料，在光照下活性高、稳定性好、无毒、不带来二次污染，已广泛应用于废水处理、贵金属回收、空气净化、涂料表面自洁等领域。

尾气降解路面是以沥青路面为载体吸附、降解汽车尾气的一种路面结构。沥青基材是一种由多种混合物组成的有机高分子聚合物，光照可以透过沥青膜与光媒介接触发生反应，由于其具有较大的比表面积，因此对污染物有较强的吸附性。

品质工程路面设计应结合高速公路的需求，在环境敏感区域（城市段）、收费站、长大隧道等场合采用这种路面材料，体现设计过程中的生态环保理念。目前，该材料已在杭新景高速公路衢州段、厦门市文兴隧道等地方得到应用，并将在苏锡常南部高速太湖隧道使用该材料。

四、橡胶沥青材料及沥青面层双层摊铺工艺

（一）橡胶沥青材料

1.橡胶沥青混凝土的概念

橡胶沥青混凝土是在沥青混凝土的基础上加以改性而制得的新型材料，其制作过程并不复杂，先将橡胶制品捣碎成颗粒大小，工程中选用的橡胶基本上是一些废旧的轮胎，可以废物利用，节能环保。橡胶颗粒准备完成以后，将其制成橡胶屑作为后期的沥青改性剂掺进石油沥青，然后将这样的混合物在高温下反应一段时间，就成功做好了橡胶沥青混凝土。

2.橡胶沥青在工程中的运用

作为水稳性良好的新型沥青材料，橡胶沥青整体上呈现出更好的施工材料性能，其根源在于此种类型的沥青材料能够抵抗疲劳，并且在低温状态下不会出现裂纹。因此，在桥梁工程施工时，通常适合使用橡胶沥青作为施工材料。近年来，橡胶沥青材料经过不断的工艺优化与更新，目前已经可以达到更好的材料稳定性，对于公路的整体安全性与坚固性予以更多的保障。

例如，在进行具有较小交通量且处于山区的公路工程建设时，施工单位如果选择了橡胶沥青材料，那么将会达到良好的路面处理效果。这主要是由于温度较低的橡胶路应避免出现路面冻裂的现象，因此尤其适合运用橡胶沥青作为必要的路面施工材料，便于进行后续的路面施工处理，也创造了良好的工程综合效益。为了体现路面工程的环保效益，可以将废旧的胶粉材料融入橡胶沥青中，从而体现了节省建筑材料、保持施工场地清洁性的目标。

（二）改性沥青材料

与传统的路面沥青材料进行对比，经过优化处理后的改性沥青可以达到更好的材料耐久性及耐磨性。因此在运用改性沥青来完成路面铺设操作的前提下，对于车辆磨损路面的风险能够予以有效的消除。具体在制备改性沥青的过程中，可以在沥青材料中融入三分之二高度的碎石颗粒，确保沥青与碎石之间没有缝隙，避免损失过多的碎石材料。经过以上的施工材料性能改进，沥青材料的表层将会呈现出明显的凹陷状，进而体现了改性沥青运用于现阶段路面施工的重要意义。

施工单位对于沥青路面在进行具体的施工处理时，目前通常可以选择改性沥青的同步封层施工处理方式。并且在养护与修复高速路的路面表层时，运用上述的同步封层处理技术也可保证实现较好的施工处理效果。这是由于碎石材料与沥青材料能够达到紧密结合的效果，确保橡胶轮胎可以充分摩擦公路地面，从而保证公路路面能耗的明显降低效果。经过以上的施工工艺改进，高速路的路面表层将会具有更好的抗滑性与附着力。

除此以外，运用同步碎石封层的高速路面处理方法还能达到路面防水性能优化的目标。从力学特性的角度出发，碎石封层具有比较柔和的施工材料特性，因而适用于容易出现龟裂的特殊公路路面，对于公路的整体抗裂性能予以明显的优化。目前对于路面施工在合理运用碎石同步封层手段的前提下，通常能够实现10年或者更久的公路寿命延长效果，避免反射裂缝的产生。与其他的传统路面处理工艺进行对比，运用同步碎石封层的手段具有更好的路面施工经济效益，可以有效节约总体的路面施工成本。

（三）沥青面层双层摊铺工艺

传统沥青混合料的铺筑方式是分层摊铺、分层碾压，结硬化成型。但是不同结构层施工工序不能顺利搭接，已经施工好的面层受到施工车辆通行及其他原因的污染，上层施工时须对下层表面进行清理并撒布黏结层，沥青混合料的温度散失快，碾压施工的有效压实时间短等原因极大地影响了路面使用性能和寿命。

目前，传统的单层摊铺工艺已无法满足品质工程对路面耐久性设计和精细化设计的要求，而双层摊铺技术是采用专门的设备，把两种不同级配的沥青混合料同时摊铺在下卧层上，然后进行压实，使路面的两个结构层一起稳定成形。沥青面层双层摊铺厚度控制与混合料类型及组合形式有关，高速公路沥青面层一般采用三层结构，当采用双层摊铺工艺时，可将上、中面层采用一台双层摊铺设备分层一次完成摊铺作业，上层（上面层）一般采用AC-13或SMA-13，摊铺厚度可按单层摊铺厚度控制或较单层摊铺减少1cm，下层（中面层）一般采用AC-20或SUP-20，摊铺厚度同样可按单层摊铺厚度控制或较单层摊铺增加1cm，总厚度保持不变。

由于两层同时摊铺和压实，两层的骨料相互嵌挤，黏结料相互融合，可形成一个整体的复合式结构层，实现了最佳的层间黏结，且下层铺筑施工质量检验过程、处理层间污染等施工过程全部取消，节约了人员、设备台班，提高了工作效率。同时，该工艺可充分利用下层混合料的余热改善上面薄层混合料的压实条件，大大减缓温度散失过程，充分保证了路面的压实时间，提高了压实度，延长了路面使用寿命，提高了路面工程品质。

第六章　公路建设项目进度与质量管理

第一节　高速公路建设项目进度管理

一、公路工程项目进度管理概述

（一）项目进度管理的主要内容

项目进度管理是根据工程项目的进度目标，编制经济合理的进度计划，并据以检查工程项目进度计划的执行情况，若发现实际执行情况与计划进度不一致，及时分析原因，并采取必要的措施对原工程进度计划进行调整或修正的过程。工程项目进度管理的目的就是实现最优工期，多快好省地完成任务。项目前期处于论证阶段，项目是否可行的不可控因素众多，只有进入设计阶段、施工阶段后工程项目进度管理才具有意义。

项目进度管理是一个动态、循环、复杂的过程，也是一项效益显著的工作。

（二）项目进度管理的原理

公路工程项目进度管理是以现代科学管理原理作为其理论基础的，主要有系统控制原理、动态控制原理、弹性原理和封闭循环原理、信息反馈原理等。

1. 系统控制原理

公路工程项目施工进度管理本身是一个系统工程，它包括项目施工进度计划系统和项目施工进度实施系统两部分内容。项目经理必须按照系统控制原理，强化其控制全过程。

（1）项目进度计划系统

为做好项目施工进度管理工作，必须根据项目施工进度管理目标要求，制定出项目施工进度计划系统。根据需要，计划系统一般包括：施工项目总进度计划，单位工程进度计划，分部、分项工程进度计划和季、月、旬等作业计划。这些计划的编制对象由大到小，内容由粗到细，将进度管理目标逐层分解，保证了计划控制目标的落实。在执行项目施工进度计划时，应以局部计划保证整体计划，最终达到工程项目进度管理目标。

（2）项目进度实施组织系统

施工项目实施全过程的各专业队伍都是遵照计划规定的目标去努力完成一个个任务的。施工项目经理和有关劳动调配、材料设备、采购运输等各职能部门都按照施工进度规定的要求进行严格管理，落实和完成各自的任务。施工组织各级负责人，从项目经理到施工队长、班组长及其所属全体成员组成了施工项目实施的完整组织系统。

（3）项目进度管理组织系统

为了保证施工项目按进度实施，还要有一个项目进度的检查控制系统。自公司经理、项目经理，一直到作业班组都设有专门职能部门或人员负责检查汇报，统计整理实际施工进度的资料，并与计划进度比较分析和进行调整。当然，不同层次人员负有不同进度管理职责，分工协作，形成一个纵横连接的施工项目控制组织系统。事实上，有的领导可能是计划的实施者又是计划的控制者。实施是计划控制的落实，控制是计划按期实施的保证。

2. 动态控制原理

项目进度管理随着施工活动向前推进，根据各方面的变化情况，应进行适时的动态控制，以保证计划符合变化的情况。同时，这种动态控制又是按照计划、实施、检查、调整这四个不断循环的过程进行控制的。在项目实施过程中，可分别以整个施工项目、单位工程、分部工程或分项工程为对象，建立不同层次的循环控制系统，并使其循环下去。这样每循环一次，其项目管理水平就会提高一步。

3. 弹性原理

项目进度计划工期长、影响进度的原因多，其中有的已被人们掌握，因此要根据统计经验估计出影响的程度和出现的可能性，并在确定进度目标时，进行实现目标的风险分析。在计划编制者具备了这些知识和实践经验之后，编制施工项目进度计划时就会留有余地，使施工进度计划具有弹性。在进行工程项目进度管理时，便可以利用这些弹性，缩短有关工作的时间，或者改变它们之间的搭接关系，如检查之前拖延的工期，通过缩短剩余计划工期的方法，仍能达到预期的计划目标。这就是工程项目进度管理中弹性原理的应用。

4. 封闭循环原理

项目进度管理是从编制项目施工进度计划开始的，由于影响因素的复杂和不确定性，在计划实施的全过程中，需要连续跟踪检查，不断地将实际进度与计划进度进行比较。如果运行正常可继续执行原计划；如果发生偏差，应在分析其产生的原因后，采取相应的解决措施和办法，对原进度计划进行调整和修订，然后再进入一个新的计划执行过程。这个由计划、实施、检查、比较、分析、纠偏等环节组成的过程就形成了一个封闭循环回路。

而公路工程项目进度管理的全过程就是在许多这样的封闭循环中得到不断调整、修正与纠偏，最终实现总目标的。

5. 信息反馈原理

反馈是指控制系统把信息输送出去，又把其作用结果返送回来，并对信息的再输出施加影响、起到控制作用，以达到预期目的。公路工程项目进度管理的过程实质上就是对有关施工活动和进度信息的不断收集、加工、汇总、反馈的过程。施工项目信息管理中心要对收集的施工进度和相关影响因素的资料进行加工分析，由领导做出决策后，向下发出指令，指导施工或对原计划做出新的调整、部署；基层作业组织根据计划和指令安排施工活动，并将实际进度和遇到的问题随时上报。每天都有大量的内外部信息、纵横向信息流进流出，因而必须建立健全工程项目进度管理的信息网络，使信息准确、及时、畅通，反馈灵敏、有力，以便能正确运用信息对施工活动进行有效控制，从而确保施工项目的顺利实施和如期完成。

（三）项目进度管理的程序

1. 进度目标的分析、分解

项目进度管理目标在确定施工进度管理目标时，必须全面细致地分析与公路工程进度有关的各种有利因素和不利因素，只有这样，才能定出一个科学、合理的进度管理目标。确定工程进度管理目标的主要依据有：公路工程总进度目标对各阶段工期的要求；工期定额、类似工程项目的实际进度；工程难易程度和工程条件的落实情况等。

在确定施工进度分解目标时，还要考虑以下各个方面：

①对于大型公路工程项目，应根据尽早提供可动用单元的原则，集中力量分期分批建设，以便尽早投入使用，尽快发挥投资效益。这时，为保证每一动用单元能形成完整的生产能力，就要考虑这些动用单元交付使用时所必需的全部配套项目。因此，要处理好前期动用和后期建设的关系、每期工程中主体工程与辅助及附属工程之间的关系等。

②结合本工程的特点，参考同类公路工程的经验来确定施工进度目标，避免只按主观愿望盲目确定进度目标，从而在实施过程中造成进度失控。

③合理安排土建与设备的综合施工。要按照它们各自的特点，合理安排土建施工与设备基础、设备安装的先后顺序及搭接、交叉或平行作业，明确设备工程对土建工程的要求和土建工程为设备工程提供施工条件的内容及时间。

④做好资金供应能力、施工力量配备、物资（材料、构配件、设备）供应能力与施工进度的平衡工作，确保工程进度目标的要求而不使其落空。

⑤考虑外部协作条件的配合情况，包括施工过程中及项目竣工所使用的水、电、气、

通信、道路及其他社会服务项目的满足程度和满足时间。它们必须与有关项目的进度目标相协调。

⑥考虑工程项目所在地区地形、地质、水文、气象等方面的限制条件。

2. 公路工程进度计划的编制

公路工程进度管理的核心是施工阶段的进度管理。编制、审核进度计划时，应按照以下程序进行进度管理：

①根据施工合同的要求确定施工进度目标，明确计划开工日期、计划总工期和计划竣工日期，确定项目分期分批的开竣工日期。

②编制施工进度计划，具体安排实现计划目标的工艺关系、组织关系、搭接关系、起止时间、劳动力计划、材料计划、机械计划及其他保证性计划。分包人负责根据项目施工进度计划编制分包工程施工进度计划。

③进行计划交底，落实责任，并向监理工程师提出开工申请报告，按监理工程师开工令确定的日期开工。

④实施施工进度计划。项目经理应通过施工部署、组织协调、生产调度和指挥、改善施工程序和方法的决策等，应用技术、经济和管理手段实现有效的进度管理。项目经理部首先要建立进度实施、控制的科学组织系统和严密的工作制度，然后依据工程项目进度管理目标体系，对施工的全过程进行系统控制。正常情况下，进度实施系统应发挥监测、分析职能并循环运行，即随着施工活动的进行，信息管理系统会不断地将施工实际进度信息，按信息流动程序反馈给进度管理者，经过统计整理，比较分析后，确认进度无偏差，则系统继续运行；一旦发现实际进度与计划进度有偏差，系统将发挥调控职能，分析偏差产生的原因，及对后续施工和总工期的影响。必要时，可对原计划进度做出相应的调整，提出纠正偏差方案和实施技术、经济、合同保证措施，以及取得相关单位支持与配合的协调措施，确认切实可行后，将调整后的新进度计划输入进度实施系统中，施工活动继续在新的控制下运行。当新的偏差出现后，再重复上述过程，直到施工项目全部完成。进度管理系统也可以处理由于合同变更而需要进行的进度调整。

⑤全部任务完成后，进行进度管理总结并编写进度管理报告。

（四）影响工程项目进度的因素

公路工程项目的施工特点，尤其是较大和复杂的施工项目工期较长，决定了影响进度的因素较多。编制计划和执行控制施工进度计划时必须充分认识和估计这些因素，才能克服其影响，使施工进度尽可能按计划进行。当出现偏差时，应考虑有关影响因素，分析产生的原因。其主要影响因素见表6-1。

表6-1　工程项目进度的影响因素

种类	影响因素	相应对策
业主因素	（1）设计图纸供应不及时或有误； （2）业主要求设计变更； （3）实际工程量增减变化； （4）材料供应、运输等不及时或质量、数量、规格不符合要求； （5）水电通信等部门、分包单位没有认真履行合同或违约； （6）资金没有按时拨付等	业主或代建单位是工程建设组织的核心，是工程建设的控制者，要求： （1）成立由专业技术人员组成的建设管理机构和职能科室； （2）做好项目建设策划、规划工作； （3）协调好与地方征迁等政策的处理工作； （4）与地方政府联系做好建设环境保障； （5）做好采购工作及后续管理工作； （6）建设资金按时到位
监理因素	（1）监理未按细则要求开展工作； （2）监理人员未到位； （3）监理人员素质低	（1）监理按合同要求到位； （2）人员更换不低于招标文件； （3）监督监理工作按监理细则执行
施工因素	（1）施工组织不合理，人力、机械设备调配不当，解决问题不及时； （2）施工技术措施不当或发生事故； （3）质量不合格引起返工； （4）与相关单位关系协调不善等； （5）项目经理部管理水平低	项目经理部的活动对施工进度起决定性作用，因而要求： （1）与有关单位以合同形式明确双方协作配合要求，严格履行合同，寻求法律保护，减少和避免损失； （2）编制进度计划时，要充分考虑，留有余地； （3）提高项目经理部的组织管理水平、技术水平； （4）提高施工作业层的素质； （5）重视与内外关系的协调
不可预见因素	（1）施工现场水文地质状况比设计合同文件预计的要复杂得多； （2）严重自然灾害	（1）该类因素一旦发生就会造成较大影响，应做好调查分析和预测； （2）有些因素可通过参加保险来规避或减少风险

（五）项目进度管理的方法

项目进度管理方法主要是规划、控制和协调。规划是指确定施工项目总进度管理目标和分进度管理目标，并编制其进度计划。控制是指在施工项目实施的全过程中，进行施工实际进度与施工计划进度的比较，出现偏差及时采取措施调整。协调是指协调与施工进度有关的单位、部门和工作队组之间的进度关系。

（六）项目进度管理的主要措施

项目进度管理采取的主要措施有组织措施、技术措施、合同措施、经济措施、管理措施。组织措施主要是指落实各层次进度管理的人员、具体任务和工作责任；建立进度管理的组织系统；按照施工项目的结构、进展阶段或合同结构等进行项目分解，确定其进度目标，建立控制目标体系；确定进度管理工作制度，如检查时间、方法、协调会议时间、参加人等；对影响进度的因素进行分析和预测。技术措施主要是采取加快施工进度的技术方法。合同措施是指与分包单位签订施工合同的合同工期与有关进度计划目标相协调。经济措施是指实现进度计划的资金保证措施。公路工程项目进度管理措施具体见表6-2。

表6-2 公路工程项目进度管理措施

措施种类	措施内容
组织措施	（1）建立项目进度实施和控制的组织系统； （2）订立进度管理工作制度：检查时间、方法，召开协调会议时间、人员等； （3）落实各层次进度管理人员、具体任务和工作职责； （4）确定项目进度目标，建立工程项目进度管理目标体系
技术措施	（1）尽可能采用先进技术、方法和新材料、新工艺、新技术，保证进度目标实现； （2）落实进度计划，在发生问题时，能适时调整工作之间的逻辑关系，加快进度
合同措施	以合同形式保证工期进度的实现，即： （1）保持各合同总工期与总进度管理目标相一致； （2）分包合同的工期与总包合同的工期相一致； （3）供货、供电、运输、构件加工等合同规定的提供服务时间与有关的进度管理目标一致
经济措施	（1）落实实现进度目标的保证资金； （2）签订并实施关于工期和进度的经济承包责任制； （3）建立并实施关于工期和进度的奖惩制度
管理措施	通过内部管理提高进度控制水平，通过管理消除或减轻各种因素对进度的影响

二、高速公路项目进度管理系统规划及应用

（一）项目进度管理体系规划

建设单位以"科学组织、合理投入、促进进度"为原则，进行项目规划，合理确定各阶段进度目标和制订进度计划，充分运用组织、管理、技术、经济手段，通过监理督促各施工单位加强内部控制来保证进度计划系统的正常工作状态，将工程进度控制在目标计划内，实现进度目标受控，确保工程按期完成。

1. 根据项目建设目标，精心规划、科学组织

（1）精心规划，逐层细化

项目建设进度计划系统是一个从粗到细的计划层次，建设单位按照项目建设目标，对进度目标进行分析和论证，在收集资料和调查研究的基础上编制各阶段的进度目标和关键节点，根据项目的特点和施工进度控制需要编制深度不同的控制性、指导性和实施性的进度计划，以及按不同计划周期（年度、季度、月度和旬）的计划。为此，建设单位根据合同工期，一开始就要建立本项目的总体进度目标，细化年度、月度计划，确定主要总产值计划，明确细部计划；与土建工程各承包人协商，确定总体、年度计划以及路基土石方、小型结构物等关键节点计划；对进度计划做到由总到分（各承包人总体计划），再从分（各承包人细部计划）到总。建设单位才能对进度进行跟踪检查与调整，为进度控制提供决策基础，并作为年度、月度考核及劳动竞赛评比的依据。

（2）落实各项组织措施，及时为工程进度扫除障碍

组织是目标能否实现的决定性因素，为实现进度目标，首先健全建设单位管理的组织体系，由建设单位明确管理职能和分工，派经验丰富的人员负责进度控制日常工作，主要有进度目标分析和论证、编制进度计划、定期跟踪、采取纠偏措施、调整进度计划和进度控制工作流程运行等日常工作。其次是进度控制涉及组织、协调、决策工作，建设单位通过专门会议和其他措施进行解决。对不同阶段的目标和对象，灵活采用有效措施，如对的高液限土改良方案、碎石桩等技术难点，建设单位组织现场考察、试验路段、专家会等进行解决；对在施工阶段前期开工点涉及的红线内土地征用和临时用地租用、五线迁移、便道便桥建设等，采取建设单位跟踪、逐点攻坚，并实行开工点日报制，报送当地政府分管领导和建设单位。

2. 合理投入，确保进度

（1）做好施工设计工作

以项目进度目标、合同工期为基准点，以合理投入为原则，做好施工组织设计方案编审工作。进度控制的首要条件是一个符合客观条件、合理的施工组织设计方案，以便根据进度计算确定施工方案，安排设计单位的出图进度，协调人力、物力，评价在施工过程中气候变化、工作失误、资源变化以及有关方面的人为因素产生的影响。编制、审查过程中要依据设计图、水文、地质、气象和其他社会经济资料、合同工期主要工程的施工方案、工序作业能力、人员、机械设备、实施施工定额水平等因素确定施工顺序，合理安排各分项工程作业期，并充分考虑作业期所处季节、质量、安全以及各生产要素的制约。因此，针对本项目小型结构物多、路基多、地质差、工期紧等特点，要求建设单位、施工、监理等参建方在土建工程合同段编审时，以合理投入为原则，方案可靠可控，要突出工程特点

的施工方案、特殊工程专项施工方案及不利季节施工预案等。

（2）落实施工组织方案，控制进度

落实施工组织方案，主要是：

①按施工阶段分解，突出控制节点。在不同施工阶段确定重点控制对象，制定施工细则，达到保证控制节点的实现。

②按工程单位分解，明确各分部（或单位元）目标。以总进度计划为依据，明确各个单位的工作目标，通过合同责任书落实责任，分头实现各自的分部目标，以确保总目标的实现。

③按专业工种分解，确定交接时间。在不同专业和不同工种任务之间，要进行综合平衡，并强调相互间衔接配合，确定相互交接的日期，强化工期的严肃性，保证工程进度不在本工序造成延误。

④由于气候、季节、地质、作业面等各方面的影响，各分项工程的进度都不能如工厂流水线一样稳定。因此，按施工组织设计要求，合理组织各种生产要素及时到位，技术、安全、资金供应、质量管理要密切配合，高度重视并防范组织、管理、技术、合同、资源（人、物、财力）等方面的风险，以达到保证计划执行的正常工作状态，确保进度目标的实现。

⑤督促各承包人在施工过程中对工程项目的进度控制，在限定的工期内，以合理投入为核心，编制出最佳的施工进度计划及在进度控制措施的基础上，实行动态管理。在执行该计划的施工过程中，要经常检查实际施工进度，收集、统计、整理施工现场的进度信息，并不断用实际进度与计划进度相比较，确定两者是否相符。若出现偏差，应及时分析产生偏差的原因和对后续工作的影响程度，采取必要的补救措施或调整修改进度计划及相关计划，并再次付诸实施。如此不断地循环，直至最终实现项目进度目标。

3. 综合管理，促进进度

（1）加强合同管理

督促各监理、承包人，按合同文件要求，认真履行合同要求，人员、机械设备、原材料、资金及时到位，在人力、物力、财力方面提供良好保障；建设单位做好计量支付工作，及时将资金拨付给承包人。

（2）开展劳动竞赛活动

以"安全、优质、廉洁、和谐"为主题，牢固树立"质量是生命、质量是责任、质量是财富""安全第一"的理念，进一步激发参建人员的积极性、创造性和主人翁责任感，增强质量和安全意识，进一步稳定和谐的劳动关系，通过竞赛活动，进一步促进、提高工程安全质量管理水平，保证工程进度。

（3）落实"首件制"

通过本制度的实施，各分项工程形成规则、稳定的作业状态，提高工序作业水平和能力，从而加快施工进度。

（4）实行工程进度日报制度

每日上报工程进度，与计划比较，及时掌握进度状况，便于动态管理。

（5）参加每月工地例会

由监理工程师主持参建各方参加每月工地例会，对每月完成任务计划的情况进行检查和评价，分析有关问题，提出整改措施，督促施工落实。

（6）责成施工单位法人代表到现场组织施工

对工程进度管理不力、进度明显滞后的施工单位，要求公司领导到场，共同分析、科学合理调整工程进度计划，增加人力、资金、设备投入，确保按合同工期完成。

（7）建立联系蹲点制度，明确分工，责任到人

若工程到了高峰期，发现对工程进度有明显影响的施工单位，建设单位应组织人员蹲点到相关施工点，及时协调解决工程施工中出现的各种难题。

（二）项目进度管理系统模块规划

按工程建设的三个阶段，对工程进度进行分解，围绕"目标计划分解、过程实时监管、差异及时调整"的原则，设立相应的管理工作模块，如表6-3所示。

表6-3　项目进度管理系统模块规划

施工阶段	进度管理内容	构建模块
事前控制	策划工程进度目标，做好工程进度计划目标分解	工程进度（后续工程设专业模块）
	建立工程进度管理制度	
	审查各标段详细的施工进度计划，包括施工准备计划、劳动力进场计划、施工设备、机具进场计划等	
	审查关键过程或特殊过程，编制相应的施工进度计划，制定相应的节点，编制建设单位的节点控制计划	
	审查各标段施工节点实施细则，明确搭接和流水的节拍	
事中控制（施工过程）	严格审核施工（各供货、配合等）单位进度计划、季度计划、月计划，并监督各分包按照已制订的施工进度计划实施	工程进度（后续工程设专业模块）设置每日一报子目
	检查工程施工期间，特殊时期的安排	
	在施工高峰时，每日总结施工进度，协商解决当天生产过程的问题，应解决的问题决不拖延	
	狠抓施工安全和质量，加强宣传教育；只有在确保安全、质量的前提下才能求速度、讲进度、抓工期	
	根据施工现场实际情况，及时要求施工单位修改和调整施工进度，并定期向业主通报工程施工进展情况	

施工阶段	进度管理内容	构建模块
事后控制 （交竣工）	根据施工进度计划，及时组织有关部门进行分项施工及隐蔽工程验收	工程进度 （后续工程设专业模块）
	定期整理有关施工进度的资料，汇总编目，建立相应的档案	
	加强工程项目竣工验收管理	

三、项目进度管理模块及其应用

根据工程建设情况，对周期长、施工难度大、干扰因素多的土建工程建立了工程进度模块；根据路基基本完成，路面、绿化、房建、绿化、交安受施工期较短、专业化强等因素影响的情况，建立单独的子模块进行管理。

土建工程按标段、各标段的进度总目标、各主要单位工程、主要分部、分项工程设置专门的子模块或栏目进行管理。路基主要是每公里的填、挖方，桥梁覆盖到每座桥的每根桩、柱、梁，隧道覆盖每座隧道的毛洞开挖、初支、二衬、路面全过程，对上述实行每日一报，以柱状图、网络图、横道图、表格等进行表示，从而对工程进度进行实时对比，动态跟踪，掌握工程实际情况。

（一）工程进度

系统进度计划共分为产值进度、形象进度、网络图三种表现形式，从三个方面诠释进度的情况，为业主提供多层次、多角度的参考。

1. 产值表现形式

产值采用进度周报表，按照建设单位下发表格样式，在系统中做成网页格式，要求施工单位每周填报，系统自动汇总、计算，生成进度柱状图、工程管理曲线图。每周进行产值评比，并形成历史数据，方便业主统筹分析进度因素。

2. 形象表现形式

形象采用日进度报表形式，对于一些重点结构物实行每日一报，施工单位在第一时间填写完成量，监理工程师审核后，系统按照结构物分项生成汇总表、柱状图，并作为基础数据，与施工单位上报的阶段目标结合，生成工程竞赛考核数据，各管理阶层可以随时查看目标阶段的工程完成情况，做到心中有数，适时调整管理策略。

系统可根据业主关于进度管理的需要生成符合标准的上报表格，通过调用基础数据，自动汇总、计算，提高报表的准确度，减少重复上报数据。

3. 网络图形式

工程进度分为横道图、双代号网络图、单代号网络图、信息跟踪表四种表现形式。为使网络图更贴近施工现场，符合施工组织设计的要求，网络图的编制由施工单位按照施工组织设计进行分项，动态管理项目组人员利用专业项目管理软件绘制网络图，由业主主持，动态管理项目组、监理办、施工单位共同参与，依照合同工期、施工组织设计以及施工单位已有的劳动力、设备、资金等资源，以座谈会形式编制网络计划。讨论确定的网络计划作为对施工单位的考核依据，并以此生成网络报表，每周由监理填写完成情况，并进行滞后因素分析，再由动态管理项目组制作成直观、形象的横道图、双代号网络图、单代号网络图以及信息跟踪表上传网站，各参建单位及管理层通过网络图可了解施工单位计划情况和实际完成情况，较好地掌握现场进度。

4. 隧道形象进度图

由施工单位每日填写隧道形象进度，监理办审核。

5. 桥梁形象进度图

由施工单位每日填写桥梁形象进度，监理办审核。

（二）后续工程专业模块

由施工单位每日填写隧道形象进度，监理办审核。

第二节　高速公路建设项目质量管理

一、公路工程项目质量管理概述

（一）工程项目质量管理的主要内容

1. 工程质量管理

工程质量管理是指"确定工程质量方针、目标和职责并在工程质量体系中通过诸如质量策划、质量控制、质量保证和质量改进使其实施全部管理职能的所有活动"。质量管理是以下管理职能中的所有活动：确定质量方针和目标；确定岗位职责和权限；建立质量体系并使之有效运行。

2. 质量保证体系

质量保证体系是指"为实施工程质量管理所需的组织结构、程序、过程和资源"。公路工程质量建设管理实行"政府监督、业主管理、社会监理、企业自检"的质量保证体系。

3. 工程质量策划

工程质量策划是指"工程质量管理中致力于设定工程质量目标并规定必要的作业过程和相关资源以实现其质量目标的部分"。管理者应对实现质量方针、目标和要求所需的各项活动和资源进行质量策划,并且策划的输出应文件化。代建单位制定工程质量管理制度,监理制订监理规划,施工制定质量保证体系,实行全面质量管理制度。

全面质量管理是指"一个组织以质量为中心,以全员参与为基础,目的在于通过让顾客满意和本组织所有成员及社会受益而达到长期成功的管理途径"。全面质量管理的特点是针对不同企业的生产条件、工作环境及工作状态等多方面因素的变化,把组织管理、数理统计方法以及现代科学技术、社会心理学、行为科学等综合运用于质量管理,建立适用和完善的质量工作体系,对每一个生产环节加以管理,做到全面运行和控制。通过改善和提高工作质量来保证产品质量;通过对产品的形成和使用实行全过程管理,全面保证产品质量;通过形成生产(服务)企业全员、全企业、全过程的质量工作系统,建立质量体系以保证产品质量始终满足用户需要,使企业用最少的投入获取最佳的效益。

4. 工程质量控制

工程质量控制是指"为达到工程质量要求所采取的作业技术和活动"。

第一,工程质量控制的对象是过程,控制的结果应能使被控制对象达到规定的质量要求。

第二,为使控制对象达到规定的工程质量要求,就必须采取适宜有效的措施,包括作业技术和方法。代建单位围绕工程质量管理制度细化,确定质量管理措施,比如,首件制、标准化施工、隐蔽工程签证制等;监理办监理实施细则、工程质量控制程序等;承包人制定三检制度、检查台账制等。

5. 工程质量改进

工程质量改进是指"工程质量管理中致力于提高有效性和效率的部分"。质量改进的目的是向施工企业自身和业主提供更多的利益,如更低的消耗、更低的成本、更多的收益以及更好的工程实体等。工程质量改进是质量管理的一项重要组成部分或者说支柱之一,它通常在工程质量控制的基础上进行。

（二）公路工程项目质量管理的特点

公路工程是线形结构物，具有点多、线长、面广，质量要求高、建设周期长，户外作业、环境复杂、不可控因素多，造价高、投资大等特点，建设工程具有流动性、唯一性和很强的综合性，生产周期长，易受气候影响和外界干扰等特点。因而工程项目的质量比一般工业产品的质量更难以控制，主要表现于以下五个方面：

1. 影响质量的因素多而复杂

设计、材料、机械、地形、地质、水文、气象、施工工艺、操作方法、技术措施、环境条件等均直接影响工程质量，而且很多影响因素是互相影响和综合作用。公路工程因其线长点多、工程数量分布不均匀、工程类型多、作业环节多、工序复杂，每项工程又各具不同的功能、不同的作业条件，不仅要个别设计，且要个别施工，而其功能的发挥又必须具有科学的综合整体性，因此建设协作性要求高。

公路工程建设周期长，在建设过程中，各阶段、各环节、各部分必须有条不紊地组织，要求在时间上不间断、空间上不脱节等，因此必须严密组织控制。

2. 容易产生质量变异

由于影响工程质量的偶然因素和系统因素多，因此，很容易产生工程质量变异。

例如设计的错漏碰缺、材料性能的差异变化、机械设备的正常磨损、操作的微小变化、气温的变化等，均会因偶然性因素引起质量必然变异。当使用的材料规格、品种有误，作业方法不妥，操作违反规程，机械故障，仪表失灵，计算错误，工程中部分动态设计脱节等，都可能会引起系统性因素的质量变异，造成工程质量事故。

因此，在建设中要严防出现系统性因素的质量变异，要把质量变异控制在偶然性因素范围内。对于偶然性因素，也应采取有效措施，对其影响进行控制，以避免或减少质量变异的发生或使其影响减少到容许的范围内。

3. 容易产生第二判断错误

公路工程建设项目由于工序交接多、中间产品多、隐蔽工程多，若不及时检查实质，事后再看表面，就容易产生第二判断错误，也就是说，容易将不合格的产品，认为是合格产品。

隧道二衬厚度、桥梁基础、桥梁台后填方等隐蔽工程尤为突出，例如桥梁台后填方一方面对所填料材质有一定要求，对分层填筑厚度、范围及压实度均有特殊要求，而且施工难度大，如果不及时检查，表面看似合格，而实则达不到要求，此时就会产生第二判断错误。

因此，在进行质量检查验收时，对隐蔽工程应特别注意加强控制。

4. 质量检查不能解体、拆卸，营运后维修困难

由于公路工程项目建成后，不能通过拆卸或解体来检查内在的质量或重新更换零件，即使发现质量问题也不可能像其他工业产品那样实行"包换"或"退货"。例如桥梁、涵洞、隧道等结构物，如果浇注混凝土过程中出了问题，如内部不密实、出现蜂窝、空洞等，工程完成后无法拆开来检查，这不但给控制带来了很大困难，也对控制提出了很高的要求。一旦在建成通车后发现质量缺陷，要进行长时间的封道，进行处理，社会负面影响很大，经济损失也很大。

5. 质量要受投资、进度的制约

工程项目的质量受投资、进度的制约较大。一般情况下，投资大、进度要求慢，则质量就易做好；反之，则质量差。因为在签订合同之后，工程费用、工期和质量是以法律约束形式固化的，不是可以随意改变的。因此，在施工中，必须正确处理好质量、投资、进度三者之间的关系，使其达到对立的统一。因此，就必须要求进行科学合理的强有力的控制措施，以达到预期的目标。

（三）工程项目质量管理的控制原则

质量控制即采取一系列检测、试验、监控措施、手段和方法，按照质量策划和质量改进的要求，确保合同、规范所规定的质量标准的实现。

根据公路施工的特点，在控制过程中，应遵循以下五条基本原则：坚持"质量第一，用户至上"的原则；充分发挥人的作用的原则；坚持"以预防为主"的原则；坚持质量标准、严格检查，一切用数据说话的原则；坚持贯彻科学、公正、守法的职业规范。

（四）工程项目质量管理的控制方法

公路工程项目是由分项工程、分部工程和单位工程所组成的。每个分项工程建设则是通过一道道工序来完成的。显而易见，质量控制是从工序质量到分项工程质量、分部工程质量，单位工程质量的系统控制过程；也是一个由对投入原材料的质量控制开始，直到完成工程质量检验为止的全过程的系统过程。

1. 阶段控制

从加强施工质量控制和明确施工阶段质量控制的重点出发，可把质量控制分为事前质量控制、事中质量控制和事后质量控制三个阶段。

（1）事前质量控制

事前质量控制是指在正式施工前进行的质量控制。

（2）事中质量控制

事中质量控制是指在施工过程中进行的质量控制。

（3）事后质量控制

事后质量控制是指在完成施工过程形成产品后的质量控制。

2. 审核有关技术文件、报告或报表

对技术文件、报告、报表的审核是对工程质量进行全面控制的重要手段，项目经理应负总责，各相关部门应尽守各自的职责，做好本项工作，确保控制有效。其主要内容包括：审核有关技术资质证明文件；审核开工报告，并经现场核实；审核施工组织设计、施工方案、施工方法和技术措施；审核有关材料、半成品的质量检验报告；审核有关施工机械设备、检测试验仪具的相关合格证件及使用说明；审核反映工序质量动态的统计资料和控制图表；审核设计变更、修改图纸和技术核定书；审核有关质量问题的修补、加固、改进的施工方案、方法与措施及其处理报告；审核有关应用新工艺、新材料、新技术、新结构、新设备的技术鉴定书；审核有关工序交接检查，分项、分部工程质量检查报告及相关证实资料；审核有关施工安全技术措施。

3. 现场质量检查控制现场

质量检查控制方法见表6-4。

表6-4　质量检查控制方法

方法	具体内容
测量	测量是现场控制，特别是质量控制必不可少而又十分重要的手段； 测量包括的内容很多，如定线控制测量，施工放线测量，控制工程位置、高程、尺寸及其线形的测量，各分项工程、分部工程、单位工程、工程段落或总体工程项目中的中间交工和竣工验收时的测量检查等； 这些测量的成果必须确保精度达到规定要求，并应取得监理工程师的认可
试验	试验包括的内容很多，如对各个工程项目的材料、配合比、强度等进行有效控制，以确保各项工程的物理、化学、力学性能及使用功能如平整度、抗滑能力等达到规定要求； 试验是施工现场施工控制必不可少和十分重要的手段
观察	观察是指对施工现场所进行的施工活动的全过程或部分关键过程（如全工序或工序中的某一关键环节）进行观察，检查操作程序或操作方法是否符合规定要求，发现问题，应及时进行控制纠正
分析	分析是指对施工现场所展开的施工活动情况及收集得到的相关数据，通过科学有效的方法如直方图法、因果分析法、列表比较法等对其进行整理分析，以控制施工的质量、进度等；并发现问题，找出原因，在此基础上提出应采取的有针对性的措施，解决问题和偏差

方法	具体内容
监督	施工单位应建立岗位责任制，各部人员应对所属工作任务负责，层层监督，例如，总工程师（或主任工程师）应对实施性施工组织设计的实施过程在技术上全面负责，检查和监督各施工队、试验室、技术人员所负责的相关工作，特别是对质检工作应加大力度检查和监督，以确保工程质量的可靠性；作为施工单位还应根据合同规定，积极主动配合和支持监理工程师的工作，服从政府监督部门的管理
总结提高	施工活动是动态的过程，因此控制也是动态的控制；旧的矛盾和问题解决了，新的矛盾和问题又会产生，这就要求进行新的控制，因此，在这个过程中，应不断总结经验教训，以利以后的控制工作更好、更有效地展开

（五）工程项目质量管理的过程

为了加强项目的质量管理，明确整个质量管理过程中的重点所在，可将公路工程项目质量管理的过程分为事前控制、事中控制和事后控制三个阶段。

1. 事前控制

即对工程施工前准备阶段进行的质量控制。它是指在各工程对象正式施工活动开始前，对各项准备工作及影响质量的各因素和有关方面进行的质量控制。

（1）施工技术准备工作的质量控制

①组织施工图纸审核及技术交底。

应要求勘察设计单位按国家现行的有关规定、标准和合同规定，建立健全质量保证体系，完成符合质量要求的勘察设计工作；在图纸审核中，审核图纸资料是否齐全，标准尺寸有无矛盾及错误，供图计划是否满足组织施工的要求及所采取的保证措施是否得当；设计采用的有关数据及资料是否与施工条件相适应，能否保证施工质量和施工安全；进一步明确施工中具体的技术要求及应达到的质量标准。

②核实资料。核实和补充对现场调查及收集的技术资料，应确保其可靠性、准确性和完整性。

③审查施工组织设计或施工方案。重点审查施工方法与机械选择、施工顺序、进度安排及平面布置等是否能保证组织连续施工，审查所采取的质量保证措施。

④建立保证工程质量的必要试验设施。

（2）现场准备工作的质量控制

①场地平整度和压实程度是否满足施工质量要求。

②测量数据及水准点的埋设是否满足施工要求。

③施工道路的布置及路况质量是否满足运输要求。

④水、电、热及通信等的供应质量是否满足施工要求。

（3）材料设备供应工作的质量控制

①材料设备供应程序与供应方式是否能保证施工顺利进行。

②所供应的材料设备的质量是否符合国家有关法规、标准及合同规定的质量要求。设备应具有产品详细说明书及附图；进场的材料应检查验收，验规格、验数量、验品种、验质量，做到合格证、化验单与材料实际质量相符。

2. 事中控制

即对施工过程中进行的所有与施工有关的质量控制，也包括对施工过程中的中间产品（工序产品或分部、分项工程产品）的质量控制。

事中控制的策略是：全面控制施工过程，重点控制工序质量。其具体措施是：工序交接有检查；质量预控有对策；施工项目有方案；技术措施有交底；图纸会审有记录；配制材料有试验；隐蔽工程有验收；计量器具校正有复核；设计变更有手续；钢筋代换有制度；质量处理有复查；成品保护有措施；行使质控有否决；质量文件有档案（凡是与质量有关的技术文件，如水准、坐标位置，测量、放线记录，沉降、变形观测记录，图纸会审记录，材料合格证明，试验报告，施工记录，隐蔽工程记录，设计变更记录，调试、试压运行记录，试车运转记录，竣工图等都要编目建档）。

3. 事后控制

是指对通过施工过程所完成的具有独立功能和使用价值的最终产品（单位工程或整个建设项目）及其有关方面（例如质量文档）的质量进行控制。其具体工作内容有：

①组织联动试车。

②准备竣工验收资料，组织自检和初步验收。

③按规定的质量评定标准和办法，对完成的分项工程、分部工程、单位工程进行质量评定。

④组织竣工验收。

（六）工程项目质量控制的影响因素

工程项目施工阶段的质量控制是一个由"投入物质控制→施工过程质量控制→产出物质量控制"的全过程、全系统的控制。由于公路工程施工也是一种物质生产活动，因此在全过程系统控制过程中，应对影响工程项目实体质量的五大因素实施全面控制。五大因素系指：人（Man）、材料（Material）、机械（Machine）、方法（Method）、环境（Environment），简称4M1E质量因素。

1. 人的管理

人，是指直接参与施工的组织者、指挥者和操作者。人，作为管理的对象，要避免产生失误；作为管理的动力，要充分调动人的积极性，发挥人的主导作用。为此，除了加强政治思想教育、劳动纪律教育、职业道德教育、专业技术培训、健全岗位责任制、改善劳动条件、公平合理地激励劳动热情以外，还需要根据工程特点，从确保质量出发，从人的技术水平、人的生理缺陷、人的心理行为、人的错误行为等方面来管理人的使用。

人的管理内容包括：组织机构的整体素质和每一个体的知识、能力、生理条件、心理状态，质量意识、行为表现、组织纪律、职业道德等，做到合理用人，发挥团队精神，调动人的积极性。

现场对人的控制，主要措施和途径如下：

①以项目经理的管理目标和职责为中心，合理组建项目管理机构，贯彻因事设岗的原则，配备合适的管理人员。

②严格实行分包单位的资质审查，控制分包单位的整体素质，包括技术素质、管理素质、服务态度和社会信誉等。严禁分包工程或作业的转包，以防资质失控。

③坚持作业人员持证上岗，特别是重要技术工种、特殊工种等，做到有资质者上岗。

④加强对现场管理和作业人员的质量意识教育及技术培训，开展作业质量保证的研讨交流活动等。

⑤严格现场管理制度和生产纪律，规范人的作业技术和管理活动的行为。

⑥加强激励和沟通活动，调动人的积极性。

2. 材料的管理

材料管理包括原材料、成品、半成品、构配件等的管理，主要是严格检查验收，正确合理地使用，建立管理台账，进行收、发、储、运等各环节的技术管理，避免混料和将不合格的原材料使用到工程上。实施材料的质量管理应抓好以下环节：

①材料采购。承包商采购的材料都应根据工程特点、施工合同、材料的适用范围和施工要求、材料的性能价格等因素综合考虑。采购材料应根据施工进度提前安排，项目经理部或企业应建立常用材料的供应商信息库并及时追踪市场。必要时，应让材料供应商呈送材料样品或对其实地考察，应注意材料采购合同中质量条款的严格说明。

②材料检验。材料质量检验的目的是事先通过一系列的检测手段，将所取得的材料数据与其质量标准相比较，借以判断材料质量的可靠性，能否用于工程。业主供应的材料同样应进行质量检验，检验方法有书面检验、外观检验、理化检验和无损检验四种，根据材料信息的保证资料的具体情况，其质量检验程序分免检、抽检和全部检查三种。抽样理化检验是建筑材料常见的质量检验方式，应按照国家有关规定的取样方法及试验项目进行检

験，并对其质量做出评定。

③材料的仓储和使用。运至现场或在现场生产加工的材料经过检验后应重视对其的仓储和使用管理，避免因材料变质或误用造成质量问题，如水泥的受潮结块、钢筋的锈蚀、不同直径钢筋的混用等。为此，一方面，承包商应合理调度，避免现场材料大量积压；另一方面，坚持对材料应按不同类别排放、挂牌标志，并在使用材料时现场检查督导。

3. 机械设备的管理

施工机械设备是现代公路施工必不可少的设施，是反映一个施工企业实力强弱的重要方面，对工程项目的施工进度和质量有直接影响。施工时，要根据不同工艺特点和技术要求，选用合适的机械设备，正确使用、管理和保养好机械设备。为此要健全"人机固定"制度、"操作证"制度、岗位责任制度、交接班制度、"技术保养"制度、"安全使用"制度、机械设备检查制度等，确保机械设备处于最佳使用状态。

①承包商应按照技术先进、经济合理、生产适用、性能可靠、使用安全的原则选择施工机械设备，使其具有特定工程的适用性和可靠性。

②应从施工需要和保证质量的要求出发，正确确定相应类型的性能参数，如千斤顶的张拉力，必须大于张拉程序中所需的最大张拉值。

③在施工过程中，应定期对施工机械设备进行校正，以免误导操作。另外，选择机械设备必须有与之相配套的操作工人相适应。

4. 施工方法的管理

这里所指的方法管理，包含施工方案、施工工艺、施工组织设计、施工技术措施等的管理，主要应结合工程实际、能解决施工难题、技术可行、经济合理，有利于保证质量、加快进度、降低成本。对施工方法的管理，着重抓好以下三个关键：

①施工方案应随工程进展而不断细化和深化。

②选择施工方案时，对主要项目要拟订几个可行的方案，突出主要矛盾，摆出其主要优劣点，以便反复讨论与比较，选出最佳方案。

③对主要项目、关键部位和难度较大的项目，如新结构、新材料、新工艺、大跨度、大悬臂、高大的结构部位等，制订方案时要充分估计到可能发生的施工质量问题和处理方法。

5. 环境的管理

创造良好的施工环境，对于保证工程质量和施工安全、实现文明施工、树立施工企业的社会形象，都有很重要的作用。施工环境管理，既包括对自然环境特点和规律的了解、限制、改造及利用问题，也包括对管理环境及劳动作业环境的创设活动。

影响工程质量的环境因素较多，有工程技术环境，如工程地质、水文、气象等；工程管理环境，如质量保证体系、质量管理制度等；劳动环境，如劳动组合、作业场所、工作面等。根据工程特点和具体条件，应对影响质量的环境因素，采取有效的措施严加控制。尤其是施工现场，应建立文明施工和文明生产的环境，保持材料工件堆放有序，道路畅通，工作场所清洁整齐，施工程序井井有条，为确保质量、安全创造良好条件。

①自然环境的管理。主要是掌握施工现场水文、地质和气象资料信息，以便在制订施工方案、施工计划和措施时，能够从自然环境的特点和规律出发，建立地基和基础施工对策，防止地下水、地面水对施工的影响，保证周围建筑物及地下管线的安全；从实际条件出发做好冬雨季施工项目的安排和防范措施；加强环境保护和建设公害的治理。

②管理环境管理。主要是根据承发包的合同结构，理顺各参建施工单位之间的管理关系，建立现场施工组织系统和质量管理的综合运行机制，确保施工程序的安排以及施工质量形成过程能够起到相互促进、相互制约、协调运转的作用。此外，在管理环境的创设方面，还应注意与现场近邻的单位、居民及有关方面的协调、沟通，搞好公共关系，以取得他们对施工造成的干扰和不便给予必要的谅解和支持配合。

二、高速公路项目质量管理系统规划及应用

（一）项目质量管理体系规划

根据国家政府和行业主管部门的规定，结合项目所在地的地方政府和行业主管部门要求，规划工程质量管理体系，制定质量管理制度；监理制定质量控制程序，企业制定质量自检体系，各参建方据此策划本项目质量管理办法、制度、方法、措施等。项目质量管理实行"政府监督、业主管理、社会监理、企业自检"四级质量管理体系，业主（建设单位）实行"定期检查、随机检查、结果检测"的质量管理，监理实行"总监抽检、专监巡检、现场旁站"三重监管，企业实行"自检、互检、交接检"三检制度。建设单位质量管理体系对项目质量管理起主导作用，实行政府监督、建设（单位）管理、监理单位控制和施工单位保证相结合的管理体制，参建各方各负其责，密切配合，严格遵守工程质量自控、监控、管理和监督的制约关系，坚持质量第一，对工程建设的全过程实行全面的质量管理。

（二）进度管理系统模块规划

项目质量管理的过程是建立质量管理的运行机制，对工程质量进行有效控制。通过网络化管理，实行"过程内部公开，结果社会公开"，接受各参建方和社会监督，促进工程质量管理水平和工程实体质量的提高。项目动态系统管理以施工过程的三个阶段为纲，以工序作业管理为核心，充分控制影响建设项目工程质量的五大因素，利用网络技术、信息

技术结合项目质量管理策划、规划方案、管理制度、措施和上级主管部门的有关规定来构建动态管理平台中质量管理栏目或模块，通过对质量管理内容分析、综合，结合工程组织管理模式，以"制度建设为纲、首件制为抓手，实时动态监控"进行模块构建。

（三）进度管理模块及其应用

质量管理是工程施工中最重要又最难以控制的一个环节，除了质量管理者监管以外，很大一部分要依靠施工者的技术水平、经验来保证。从质量管理内容分析构建质量管理、全球眼远程监控两个子模块，质量管理模块中分为质量管理制度、首件认可、桩基检测、试验检测管理、整改督查五个子模块。平台利用网络技术的迅捷，把重点项目的施工过程，以文字、图片的形式在网上进行公开，显示施工、监理责任人、评定结果，形成评比、竞争、监督的管理体制，促使施工向标准化、规范化的方向发展。通过施工过程公开来加强业主的质量审查能力，提高监理办、施工单位在施工过程中的质量意识。

对隐蔽分项工程建立专栏，通过照片、文字说明，并明确施工、检查责任人，所有工程图片对外共享，各标段可以互相参考、监督，有助于在感官上确定工程标准，促进工程技术的交流。对一些重要的分项工程，规范施工程序，确立施工样板，以图片、文字的形式建立施工标准；施工及监管人员在施工工程、施工评比中对施工结果有依据可以参照，提高一线人员自身的质量管理素质，从主观上提高施工质量的可行性。

1. 质量管理规章制度

汇集国家、省、交通主管部门、集团、项目公司、指挥部质量管理规章，指挥部各项质量管理制度，上级、指挥部质量检查情况及通报、事故处罚通报等文件。

2. 首件认可

要求对试验路段、预制、现浇、构件首件等分项工程的材料、设备、工艺、现场管理进行网上认可，以便实现对各部位工艺定型，建立施工标准。由施工单位在施工前确定材料、设备、工艺、现场管理方案后，在系统上申报，监理办审核，指挥部审查并在首件完工验收后签认。

3. 试验检测管理

建立抽检结果台账，主要是指挥部委托试验检测中心对施工单位的抽检报表。

4. 桩基检测

对于重要的分项、隐蔽工程，设置分项检查、交流专栏，如基桩检测、桥梁检查、台背回填、通道检查、工程技术交流等，要求施工单位、监理把施工检查的图片上传，公示检查结果，系统严格按照工程建设管理程序，设定相应的操作界面，各单位添加、审核、评定在同一个界面完成，每个步骤均在网上体现，工程建设管理过程公开、透明。

以基桩检测举例，要求所有用于主体工程的桩基、水泥搅拌桩以及素混凝土桩检测的申请、审核、确认以及检测结果上传，都需要在系统上进行。首先由施工单位提出检测申请，再由监理工程师审核是否具备检测条件，然后由检测单位确认检测时间，组织实施检测。因出具正式检测报告时间较长，检测单位可提前开具中间检测报告，并按照时间限定上传。施工单位以此为依据，即可进入下一道工序施工。正式检测报告出来后，检测单位须上传系统，作为基桩质量依据。所有记录在检测单位填写完成后24小时自动锁定，通过管理过程的制度化、程序化，明确责任人，以透明作为约束各方行为的有力措施。所有上传图片、检查报告向所有单位公开，促进优秀施工模式的交流，同时起到监督、借鉴的作用，提高工程管理程序化、规范化的水平。

5. 质量整改督查

用于指挥部提出的质量督查整改，由施工单位落实，监理检查，指挥部督察，可在某种程度上代替惯用的"整改通知书"，克服在运转中落实及反馈过程长的缺陷，提高督察落实效率。

6. "全球眼"远程监控

"全球眼"网络视频监控业务是由中国电信推出的一项完全基于宽带网的图像远程监控、传输、存储、管理的新型增值业务。该业务系统利用中国电信无处不在的宽带网络将分散、独立的图像采集点进行联网，实现跨区域的统一监控、统一存储、统一管理、资源共享，为各行业的管理决策者提供了一种全新的、直观的、扩大视觉和听觉范围的管理工具，提高了工作绩效。同时，可通过二次应用开发，为各行业的资源再利用提供新的手段。

第七章　公路建设项目合同与支付管理

第一节　高速公路建设项目合同管理

一、项目合同管理概述

招标投标是一种因招标人的要约，引发投标者的承诺，经过招标人的择优选定，最终形成协议和合同关系的平等主体之间的经济活动过程，是"法人"之间承诺有偿的、具有约束力的法律行为。招标投标是商品经济发展到一定阶段的产物，是一种特殊的商品交易方式。招标方与投标方相交易的商品统称为"标的"。在项目工程建设中，这种"标的"指的是项目的工程设计、土建施工、成套设备、安装调试等内容的标明。根据项目的实际情况不同，招标投标的执行方式多种多样。招标的方式是工程项目实施中采用最为普遍的一种，它可使业主与承包者之间形成严密的、相互制约的合同关系，使承包者在竞争条件下有效地组织资源以满足业主的要求。

（一）招标与投标的特征

招标投标与其他贸易方式相比较，具有组织性、公开性、一次性和公平性四大特征。

1. 招标的组织性

招标是一种有组织的商业交易。其组织性表现在以下四点：

（1）有固定的招标组织人

招标组织人即为准备通过招标采购物资的买方、工程项目的主办或他的代理人，称为招标机构。该机构负责招标的全部进程，直到招标结束。

（2）招标场所固定

招标场所一般为招标机构所在地。招标各阶段进行的地点，如投标地点、投标咨询地点、开标地点等，均在招标机构所在地或招标机构规定的场所。

（3）招标时间固定

招标开始的时间与结束的时间、招标各阶段开始的时间，均按招标机构预定日程、按期举行。

（4）招标规则和条件固定

招标规则即招标程序细则；招标条件相当于谈判成交时的交易条件。招标规则和条件由招标机构事先拟定；卖方在投标时，必须按有关规则和条件报价，否则其投标将被招标机构视为无效。

综上所述，招标是一种有组织、有计划的商业交易，其进行过程须按照招标人的规定，固定在一定的地点和一定的时间内，并依照预定的规则和条件进行。相比之下，以谈判方式成交的贸易方式不具备这种组织性，交易人、交易的地点、交易规则和条件在谈判过程中经常改变。

2. 招标与投标的公开性

招标机构要通过各种途径广泛通告有兴趣、有能力投标的供货商或承包商。另外，招标还要求招标机构对投标人说明交易规则和条件，以及招标的最后结果。这样，有关招标的买方、卖方、成交条件、成交价格等都被广泛地公布出去，成为一种真正的开放性采购；而通过谈判成交的贸易方式的各项条件和进程情况都仅被有关交易方了解，其他人无从得知。

3. 投标的一次性

投标的一次性表现在以下两点：

（1）贸易的主动权掌握在招标人手中

招标机构对最后卖主的选择，是通过对各报价的筛选结果决定的。所以，投标人报价后是否能与招标机构达成交易，完全取决于投标的质量。若投标中的各项条件能够迎合招标机构的需要，且价格低廉，招标机构才会与之成交。假如投标质量低，报价条件不够优惠，投标人即失去成交的机会。因此，卖方达成贸易合同的关键在于制作好投标书。

（2）投标人没有讨价还价的权利

在传统的贸易方式中，经济合同在交易双方的反复洽谈中形成，任何一方都可以提出自己的交易条件，讨价还价。参加国际投标时，投标人只能应邀进行一次性递价，标书在投递之后，一般不得撤回或修改。在工程承包的招标中，常见投标人在竞标阶段或签订合同时与招标人就某些合同的条件进行商谈。应当说，投标人在这类商谈中基本处于被动地位，商谈的范围、项目取决于招标方，因此，它与非招标贸易方式的讨价还价有着根本区别。

4. 招标与投标的公平性

按照惯例，招标与投标须本着公平竞争的原则进行。在招标通告发出后，任何有能力履行合同的卖主都可参加投标，招标机构不得将投标人区别对待，也不得根据投标人的不同政治或经济背景采取歧视性政策。招标机构在最后取舍投标人时，要完全按照预定的招标规则进行，对投标人的评审和对各项投标报价的审查要公正。

（二）招标的种类

招标在具体运用过程中，经过变通，产生了几种不同的表现形式。

1. 按照招标的公开程度划分

若从公开程度方面看，招标分为竞争性招标和有限招标两种。

（1）竞争性招标

又称公开招标，指招标人在有代表性的报刊、电台、电视台等宣传媒介上刊登广告，发出买主将在什么范围内采购的消息。

（2）有限招标

有限招标又称为邀请招标或有限竞争性招标，即招标机构在有限的范围内，选择一定数量的公司、企业，邀请其参加投标报价。

2. 按照招标授予合同的条件划分

若从招标授予合同的条件划分，还有自动条件招标、随意条件招标和谈判招标三种形式。这种划分招标的方式普遍用于欧洲国家的公共采购，国内不采用。

（三）招标程序和方法

虽然招标的内容各式各样，但通常的招标程序都是类似的，一般经过招标前的准备工作、发出招标公告、对投标人资格预审、发售招标文件、开标与评标、最终签订合同等几个主要过程。

1. 招标前的准备

开始招标前，要完成两项基础工作：一是建立招标机构；二是制定招标规则。这两项工作对整个招标过程起指导和控制作用。招标的机构，通常是业主或其委托的机构，并有专门的招标小组负责实施。

招标工作都有一定的招标规则，这是招标工作的指导方针和招标实施过程的法律文本。规则通常是在有关法律或规定基础上，根据项目的实际情况和招标惯例制定的，如利用世界银行贷款的项目进行招标时，要以世界银行制定的招标规则为准则。但对于由业主自筹资金并对项目实施方法拥有决策权时，则业主通常会根据自身的需要制定招标规则。招标规则的内容可分为三类：第一类，关于招标程序的规定；第二类，关于招标条件的规定；第三类，关于招标书格式的规定。

2. 资格预审

资格预审是招标中一项不可缺少的工作，这是确认投标者在信誉、技术、资金等各方面是否胜任项目实施的关键一环。一般在资格预审通告后，招标机构向申请参加资格预审的企业发放或出售资格审查文件。高速公路通常采用资格后审，是将其作为招标书的一部分随招标文件一起的。

3. 招标文件

招标文件是招标工作的核心内容，是指导与约束招标方与投标方各项工作的基础文件，也是未来合同的基础。招标文件一般由三项内容组成：一是对投标人的要求，如投标者须知、工程技术规定、初步合同条件等；二是对投标格式的要求；三是对未来承包商的要求，包括中标后应完成的文件及其要求（包括工程计划、实施方案、保函、协议文本等）。

工程招标文件的内容通常为投标邀请、投标须知、协调程序、工作范围、工程规定、基础数据、合同条款、标书格式、合同格式、保函格式。

4. 开标、评标与授标

按招标书中规定的截止时间和开标程序，招标机构对按时收到的标书进行开启并进行评标。开标的方式有公开和秘密开标方式，开启的内容也根据项目的不同而不一样。公开的开标方式是在规定的时间和地点，在招标机构人员、招标监督人员、投标人代表在场时，公开开启标书；秘密开标一般由招标机构在投标人不在场情况下开启标书。按要求的不同，有的只要求技术标，在技术标审查合格后再邀请投商务标。一般是要求同时投商务和技术标，但可能只开启其中的一个。先开技术标，则一般是技术标合格后其商务标才会被开启，否则会将其商务标退还投标者。先开商务标的情况通常是只开启商务最低的技术标并进行评标和谈判，如达成协议即为中标；否则依商务标排列次序进行技术标的开启和评标工作，直至选择到合适的中标人为止。

评标是专门的评标委员会依据一定的原则和标准对所有报价逐一进行评估。评标时间按项目复杂程度的不同而不同，但需要按预定的计划，在标书有效期内完成；否则标书及其保函需要延长有效期，这对投标者来说是一件很麻烦的事情。评标是一件重要而又复杂的综合性工作，它关系到整个招标是否体现公平竞争的原则，招标结果是否能使买主得到最大效益的关键，因此，评标工作需要认真地准备。

5. 授标与签约

投标者接到授标通知书后，在规定的时间内和业主签订合同，即完成了招标投标的全部工作。签订的合同以招标书和投标书、标书澄清等内容为基础，一般在签约之前，双方还会就合同澄清和补充的内容进行最后的谈判。一旦签约，此合同即是双方实施项目的基础。

二、高速公路项目合同（履约）管理概述

公路工程项目合同是指项目组织机构为完成既定的工程目标而与各方达成的明确项目权利义务的具有法律效力的协议。合同作为工程项目正常运作的基础和工具，在工程项目的实施过程中具有重要作用。因此，对合同进行归纳管理，分清其主次轻重，使项目合同管理有效、顺利地开展，对整个工程项目的成功建设将会起到积极的影响作用。

（一）合同的分类

项目合同按工程的规模、承包方式及范围可分为不同的类型。在实际工程中，根据不同的需要采用不同的合同类型。

1. 按合同范围的大小

（1）一体化合同

这一种合同要求承包人递交一份项目最终结果的文件，依据这一文件及买方对文件的认可，合同被执行并完成，最后由买方给卖方支付合同价款。买方希望由具有综合产品或服务能力的大型承包人统包项目，这样可以依靠总承包人的综合管理优势，使项目的实施纳入统一的项目管理系统，有效防止松散管理状态。

（2）技术服务合同

当买方需要从卖方引进其拥有的某种专有技术或先进生产手段时，往往采用这种合同方式。卖方负责提供技术服务，并对其技术水平、使用效果负责。在项目实施过程中，卖方要对新技术的应用给予培训和指导。

（3）咨询服务合同

买方针对项目在技术和管理等方面存在的问题而需要聘请相关专家做咨询顾问时，往往采用这种合同方式。这种合同借助国内外有关专家的智力、技术、管理等方面的优势，由他们负责为项目的技术或管理提供咨询、建议或指导，或对项目经理及其团队成员进行培训。

（4）分期式合同

这种合同要求承包人递交项目的阶段或部分结果的文件，而不是项目的最终结果。当

最终合同约定的产品或服务的提交得以完成时，承包人便不再承担其他义务。

2.按签约各方的关系

（1）项目总承包合同

项目组织与承包人之间签订的合同，其范围包括项目执行的全过程。

（2）项目分包合同

即承包人可将中标项目的一部分内容包给分包人，由此而在总承包人与分承包人之间签订的合同。一般不允许将项目的全部内容分包出去，对于允许分包的内容，在合同条件中应有规定。在签订分包合同后，承包人仍应履行与项目组织签订的合同中所规定的全部责任和义务。

（3）转包合同

即在承包人之间签订的合同，是一种承包权的转让。在合同中明确原承包人与项目组织签订的合同所规定的权利、义务和风险由另一承包人来承担，而原承包人则在转包合同中获取一定的报酬。

（4）劳务分包合同

即包工不包料合同。分包商在合同实施过程中，不承担材料涨价的风险。

（5）劳务合同

即承包人或分包人雇用劳务所签订的合同。提供劳务一方不承担任何风险，但也难获得较大的利润。

（6）联合承包合同

指两个或两个以上合作单位之间，以承包人的名义，为共同承担项目的全部工作而签订的合同。

（7）采购合同

是项目组织为从组织外部获得产品或服务而与供应商签订的合同。

3.按计价方式

（1）单价合同

单价合同是以工程量清单为基础，工程项目单价表为依据，按实际完成工程量进行结算的承包合同。一般在施工图不完整或当准备发包的建设项目内容、技术经济指标一时不能确定，或者工程量可能出入较大时，多采用单价合同。它的优点是可以减少招标准备工作；鼓励承包人节约成本；发包人只须按工程量表中的项目支付，减少意外支出；在合同执行过程中，仅须对少量遗漏的项目再报价；结算比较简单。其缺点是对于某些不易计算工程量的项目、工程费应分摊在许多工程上的复杂工程项目，在执行中容易引起争议。单价合同形式主要有纯单价合同、估算工程量单价合同、单价与包干混合式合同三种。

（2）总价合同

总价合同是指支付给承包人的款项在合同中是一个"规定的金额"，即总价。它是以图纸和工程说明为依据，投标人按招标文件的要求报一个总价，完成招标文件中规定的全部项目，发包人按合同总价支付的承包合同，一般在工程风险不大、技术不复杂、施工图和各项说明已编制完成、投标人能准确计算工程量时采用。总价合同的优点是发包人对工程总造价可以做到心中有数；工程量变化不大时，合同管理较容易。缺点是发包人在招标时必须详细划定分部分项工程，绘制施工详图，编制施工说明，会占用很多时间，延长设计周期，拖长招标准备时间。总价合同主要有固定总价合同、可调值总价合同、固定工程量总价合同、管理费总价合同四种形式，各种合同又有不同的使用条件。

（3）成本加酬金合同

成本加酬金合同也称成本补偿合同，即发包人向承包人支付实际工程成本中的直接费，并按事先协议好的某种方式支付管理费以及利润的一种合同方式。它主要适用于工程内容及其技术经济指标尚未全面确定，投标报价的依据尚不充分的情况下，发包人因工期要求紧迫，必须发包的工程；或者是一项崭新工程，施工风险很大。其缺点是发包人对工程总价不能实施有效控制；承包人对降低成本也不感兴趣。成本加酬金合同主要有成本加固定百分率酬金合同、成本加固定金额酬金合同、成本加浮动酬金合同和成本加固定最大酬金合同四种。成本加酬金合同一般在特定情况下才被采用，在实行招投标制的情况下，采用较少。

（二）项目合同管理制度

公路工程施工企业为了更好地落实合同管理工作，必须建立完善的项目合同管理制度。

1.内部合同会签制度

由于合同涉及各个部门的管理工作，为了保证合同签订后得以全面履行，在合同未正式签订之前，由办理合同的业务部门会同技术、征迁、质量和财务等部门共同研究，提出对合同条款的具体意见，进行会签。在内部实行合同会签制度，有利于调动各部门的积极性，发挥各部门管理职能作用，群策群力，集思广益，以保证合同履行的可行性，并促使各部门之间相互衔接和协调，确保合同的全面及实际履行。

2.合同签订审查批准制度

为了使合同签订后合法、有效，必须在签订前履行审查、批准手续。审查是指将准备签订的合同在部门之间会签后，送给主管合同的机构或法律顾问进行审查；批准是由企业主管或法定代表人签署意见，同意对外正式签订合同。通过严格的审查批准手续，可以使合同的签订建立在可靠的基础上，尽量防止合同纠纷的发生，以维护企业的合法权益。

3.印章制度

合同专用章是代表单位在对外经营活动中行使权力、承担义务、签订合同的凭证。因此，单位对合同专用章的登记、保管、使用等都要有严格的规定。合同专用章应由合同管理员保管、签印，并实行专章专用。合同专用章只能在规定的业务范围内使用，不能超越范围使用；不准为空白合同文本加盖合同印章；不得为未经审查批准的合同文本加盖合同印章；严禁与合同洽谈人员勾结，利用合同专用章谋取个人私利。出现上述情况，要追究合同专用章管理人员的责任。凡外出签订合同时，应由合同专用章管理人员携章陪同负责办理签约的人员一起前往签约。

4.管理目标制度

合同管理目标制是各项合同管理活动应达到的预期结果和最终目的。合同管理的目的是单位通过自身在合同的订立和履行过程中进行的计划、组织、指挥、监督和协调等工作，促使内部各部门、各环节互相衔接、密切配合，进而使人、财、物各要素得到合理组织和充分利用，保证项目建设管理活动的顺利进行，提高工程管理水平，增强市场竞争能力，从而达到高质量、高效益的目的，满足社会需要，更好地为发展和完善建筑业市场经济服务。

5.管理质量责任制度

这是一项基本管理制度。它具体规定内部具有合同管理任务的部门和合同管理人员的工作范围，履行合同中应负的责任，以及拥有的职权。这一制度有利于内部合同管理工作分工协作、责任明确、任务落实、逐级负责、人人负责，从而调动合同管理人员以及合同履行中涉及的有关人员的积极性，促进合同管理工作正常开展，保证合同圆满完成。公路工程建设单位应建立完善的合同管理质量责任制度，确保人员、部门、制度三落实，一方面把合同管理的质量责任落实到人，让合同管理部门的主管人员和合同管理员的工作质量与奖惩挂钩，以引起具体人员的真正重视；另一方面把合同签约、履约实绩考评落实到人，按类分派不同合同管理员全过程负责不同合同的签约和履约，以便及时发现问题、解决问题。

（三）项目合同管理程序

合同管理的目标是通过合同的策划、签订、合同实施控制等工作，全面完成合同责任，保证公路工程项目目标和企业目标的实现。

合同管理应遵循以下程序：合同策划和合同评审，在工程项目的招标投标阶段的初期，业主的主要工作是合同策划，而承包商的主要合同管理工作是合同评审；合同签订；合同实施计划；合同实施控制，在项目实施过程中通过合同控制确保承包商的工作满足合同要求，包括对各种合同的执行进行监督、跟踪、诊断、工程的变更管理和索赔管理等；合同后评价，项目结束后对采购和合同管理工作进行总结和评价，以提高以后新项目的采购和合同管理水平。

（四）项目合同管理工作注意事项

项目合同一经签署就对签约双方产生法律约束力，任何一方都应严肃、认真、积极地执行合同，否则将承担相应的违约责任。

为此，在工程项目合同管理中应注意下面七个事项：

第一，签约前注意了解对方是否具有法人资格、对方的信誉如何及其他有关情况和资料；当由代理人签约时，则要了解是否有具有法律效力的法人委托书。

第二，合同本身用词要准确，不能发生歧义，要符合《中华人民共和国经济合同法》等规定，要注意合同主要条款是否齐全，用词是否确切。

第三，合同签订后应按有关规定及时送交合同主管部门审查及向有关部门备案。有的合同必须经批准方能生效，要在规定的时间内完成。

第四，要主动、及时地组织和督促各职能部门严格按合同规定履行义务。

第五，全部合同文件包括合同文本、附件、工程施工变更洽商等资料及涉及经济责任的会议纪要往来函电等，应由专人负责整理保管。坚决避免出现工程尚未完成，合同及有关洽商资料已散失的现象。

第六，项目合同的变更、解除应经过认真的调查研究，且不能违背法定的程序及企业的有关规定。

第七，利用合同进行及时合理的索赔。由于对方的过失或不可抗力因素发生，致使己方发生损失时，应不失时机地向对方要求索赔。

（五）项目合同管理方法

做好合同管理工作，其要素是：在熟悉合同条款的基础上，要有明确的责任划分和严密的合同管理手段，从而对一切可能产生的"扯皮"、责任漏洞、责任的交叉与重叠等现象事先加以防范。FIDIC合同条件具有逻辑严密、责任与义务划分明确的特点，是实行合同管理的基本依据，合同管理人员对此一定要十分熟悉，知道哪个问题在哪一条款有规定，最好更进一步知道该条款是如何规定的，这一点对搞好合同管理工作是十分重要的。以下从三个方面讨论合同管理的方法：

1. 责任划分明确

这里讲的责任划分指的是项目业主（以下简称"业主"）、承包人和监理工程师三者之间的责任划分，这是合同责任的最重要的划分机制。

土建施工（工程）合同的主要当事人是业主和承包人（或称承包商），这是合同的主要两方。监理工程师不属于合同的任何一方，但他在项目的执行中，起着很重要的作用，合同中具体规定了监理工程师的职责。

2. 坚持工地会议制度

在合同管理中，现场会议（也称工地会议）是业主和监理工程师做好项目管理的一种有效措施。按照不同的任务和目的，现场会议可分为第一次现场会议、例行现场会议和每日现场协调三种会议形式。第一次现场会议的任务是介绍监理工程师和承包人的班子的人员与办事机构、制定行政例行程序、检查开工前的各项准备工作、陈述承包人的工程进度计划等；例行现场会议是工程开工后定期召开的现场会议，其任务是解决施工中的有关工程进度、工程质量、工程费用以及延期、索赔等问题；每日现场协调（会），是由双方指派的人员对当日施工中存在的问题和次日的工作安排进行协调，有利于互通信息和工作的会议。第一次现场会议和例行现场会议，都必须有正式的会议议程、详细的会议记录，该记录一旦被监理工程师和承包人认可，就成为正式文件，对双方均有约束力。

3. 严密的管理手段

合同管理工作，既要有明确的责任分工，又要有一系列严密的、行之有效的管理手段，包括严格的审批程序、良好的通信和函电往来系统，以及健全的文档与记录管理制度。

三、高速公路项目合同管理系统规划及应用

（一）项目合同管理体系规划

1. 规划合同管理体系须遵循的原则

（1）合法性原则

就是合同管理行为须合法，方能确保其行为结果所获利益受法律保护，才能规避不合法行为的发生。

（2）诚实信用原则

根据合同的性质、目的和交易习惯履行下列义务：及时通知；协助；提供必要条件；

防止损失扩大；保密。

（3）经济性原则

就是合同管理应能使交易成本降至最低，实现共赢。

（4）目的性原则

就是合同管理行为应有助于合同目的的实现。

（5）时效性原则

就是合同管理应确保其行为期间所产生的利益能受法律保护，俗而言之，应力避"过时不（能）补（偿）"情形的发生。

（6）相关性原则

因工程合同某一关键事件的履行绩效，会影响其他事件的履行。譬如工程变更指令（其实质是合同变更前的新要约）签发适当与否，会影响到工程进度、劳动力/材料等资源的配置，进而影响工程项目的成本（如进度滞后，会带来融资费用、管理费用的增加，项目预期收益推迟）。

（7）相对性原则

是合同的本来属性，就是在合同管理中应明确合同相对人是唯一的。根据这一原则，在解决合同责任（总包与分包、供货与施工、担保、交付房屋时，开发商、承建商与房屋买受人之间）纠纷时，才能准确确定合同事件的当事人，其效能立现。

（8）协作性原则

合同当事人积极履行通知、协助、注意、保密等附随义务，能促使合同目的的顺利实现。

（9）专业性原则

合同与工程的专业性，决定了合同管理需受过法律和（或）工程专业教育/培训、富有实践经验的人员来担任，方可把握合同管理的实质。

2. 建立全过程、全方位合同管理体系

合同管理是合同内容的谈判、评审、合同订立、履行、管理、纠偏、终止等合同实施过程中全部环节的系统管理过程，是为实现项目目标而进行的管理过程。合同是建设项目管理的核心，项目管理是实现合同管理的必要手段。任何一个建设项目的实施，都是通过签订一系列的承发包及物质供应合同来实现的。通过对承包内容、范围、价款、支付、工期、质量标准、合同双方责权利和违约责任等合同条款的制定和履行，业主和承包商可以在合同环境下规范和调控建设项目的运行状态。通过对合同管理目标责任的分解，可以规范项目管理机构的内部职能，紧密围绕合同条款开展项目管理工作。因此，无论是对承包商的管理，还是对项目业主本身的内部管理，合同始终是建设项目管理的核心。所以，通

过建立以合同管理为核心的项目管理体系，坚持以强化合同管理为突破口，项目管理中贯彻合同管理理念，协调项目各相关方的关系，可达到有效实现项目的安全、质量、进度、投资等目标。

为了避免合同管理只侧重对工程预结算的管理，忽视对优化设计、工程质量、进度、工程变更等的过程控制，要强调事前、事中、事后的"全过程、系统性、动态性"管理。

综上所述，工程建设项目合同管理体系的建立和运行，需要建立新的项目管理理念，运用新的项目管理思想和方法，使工程建设项目各项工作科学、规范、有序、高效运行，从而实现项目管理目标。

（二）合同管理系统模块规划

由于高速公路建设中土建工程、路面、交通安全设施、绿化、机电的设计、监理、施工、咨询、检测等合同划分均要经行业主管部门审查、备案，招标过程要在省公共资源交易中心完成，不可控因素众多，在管理系统中未列入规划范围，与此相关的合同审查、会签、印章制度未列入系统，而对合同目标管理、检查、评估等五项制度均列入系统中统一管理。

合同管理分为合同采购和合同履行两个部分，为实现事前、事中、事后的"全过程、系统性、动态性"合同管理，按合同产生过程，分为招标阶段和合同履行阶段（通常称合同管理）设立招标投标和合同管理两个模块。

（三）合同管理模块及其应用

1. 招标投标

招标投标是最难以监管的环节，为充分体现"公开、公平、公正、择优"的招标原则，在工程招标中创新项目招投标管理，建立招标投标管理模块，实现招标计划、招标公告、招标文件、投标人提问、招标答疑、中标公示全部网络化，全过程公开，并结合厅诚信信息系统使用"行业信誉档案"管理，全面实现了"阳光操作、透明运行"的工作要求。

2. 合同（履约）管理

合同管理是一个项目控制造价、规范施工的重要途径，系统根据项目管理特点及需求，共建立合同信息、履约检查、人员考勤三个模块，通过对系统中储存的基本信息的采集、汇总，把不同的管理措施、管理项目，以图表、台账的形式表现出来，方便管理阶层查阅。

第二节　高速公路建设项目计量支付管理

在高速公路建设中，工程量计量支付是一项至关重要而又十分繁杂的工作，是工程各参建方的利益交叉点和合同履行的基石。计量支付工作是将经监理工程师检验合格的工程项目按统一格式填支付报表，报监理工程师，然后由监理工程师审核上报建设单位，建设单位根据审核情况进行批复，最终支付施工单位工程款的过程。公路工程的计量与支付，是公路建设管理中的一个重要环节，对保证概算的执行，降低工程造价，促进提高工程质量，制定和考核工、料、机定额情况等都有重要作用。计量与支付是施工合同的重要内容，是合同中各类经济关系的全面反映，同时，还揭示了施工活动的经济本质。通过计量与支付这两个经济杠杆，调节合同双方利益，制约承包商严格遵守合同，准确按设计图纸和技术规范进行施工；促使建设单位履行义务，及时向承包商支付，确保施工活动中资金运动与物质运动平衡地进行，使施工合同得到全面的履行。

一、高速公路计量支付管理概述

高速公路由于工程项目众多、结构复杂、数量和金额巨大，计量支付工作特别引人注目。高速公路的计量支付工作与其他等级公路相比较，其程序更加规范、计算更加准确、流程更加完善、更加注重合同履行的合法性，其主要内容概述如下：

（一）计量支付的概念

1. 计量的概念

计量是按照合同及有关文件规定的方法对承包商符合要求的已完工程的实际数量所进行的测量、计算、核查和确认的过程。计量是否准确、合理，直接影响承包合同中的经济关系，影响承包合同的正常履行。计量的任务是确定实际工程量的多少，不能以工程量清单中的数量为结算依据，实际工程量的多少只能通过计量才能揭示和确定。按实际完成的工程量进行付款，可减少工程量的估计误差给双方带来的风险，增强造价结果的公平性。计量必须准确、真实、合法和及时。准确指计量结果是正确地按照规定的计量方法和工程量计算规则而得出的，方法正确、结果准确无误，使已完工程的实际数量得到正确的确定，没有漏计和错计；真实指被计量的工程内容真实可靠，没有虚假的部分，即被计量的工程质量合格，也没有重复计量，隐蔽的工程数量不弄虚作假，工程量中没有虚报成分；合法指计量是按规定的程序合法进行的，因为计量结果是支付的直接基础和依据，直接关系到业主和承包商双方的经济利益，只有通过了程序严格审查产生的计量结果才是合法的；及时指计量必须按合同规定的时间进行，不得无故推延。

2. 支付的概念

支付是指按合同规定对承包商的应付款进行确认并办理付款手续的过程。支付是业主与承包商之间的一种货币收支活动，既是施工合同中经济关系全面实现的一个主要环节，也是监理工程师控制工程的根本手段和制约合同双方（业主与承包商）的有力杠杆。合理的支付是工程顺利完成的前提和条件。

支付必须以合同为依据、计量为基础、质量为前提，只有符合合同规定的费用才能签认，对于合同中不明确的，要依据合同精神，实事求是地去确认，如索赔、变更的估价等。支付金额的多少，必须以准确的计量为基础，对质量不合格的工程量一律不能支付，并要求承包商做返工处理直到达到合格要求。

（二）计量支付的目的、意义

计量支付是工程施工阶段资金控制的重心，是保证工程质量、工程进度、合同管理的重要手段，关系着业主和承包商的直接经济利益，是项目建设过程中工程管理工作的重要内容之一。它的主要目的有以下三个方面：

1. 对承包商完成的工程数量和应得款项进行确认

通过计量与支付，可以及时地确认已完成的工程数量，避免因工程进度与支付费用的不同步给业主或承包商造成资金失控；避免因费用支付的不及时而使承包商资金周转困难，造成工程进度滞后，导致项目总体工期延期。

2. 对已完成的工程质量进行有效的监管

对于质量不合格的工程不得确认工程量，工程量未确认而不能计量时，承包商将得不到付款，由此造成的损失由承包商自己承担，这就使承包商必须严格履行合同条款。因此，计量与支付是监理工程师对质量控制的重要手段，也是业主对工程质量监管的手段。

3. 对工程进度进行统计和监督

没有工程进度就谈不上计量，监理工程师通过计量支付及时掌握累计完成的工程数量，绘制进度曲线图表，并通过这些图表对工程实行管理，发现问题及时采取措施进行调控，及时纠偏，以保证项目总体计划的实现。

计量与支付是兑现合同价款的两个方面，具有相辅相成的关系，计量是前提，支付是结果。由于现行工程量清单计价的有关规定中，部分工程细目的计量规则的描述比较笼统，在工程结算中，甲、乙双方往往对清单细目所包含的工程内容在理解上有差异，造成工程经济纠纷；同时，由于附属（助）工作在工程量清单中的认定比较模糊，也造成了一部分建设资金的不合理支出等问题。为了在工作中解决这些问题，必须熟悉计量依据、审批流程、清单计量规则、计量方法、费用支付、合同计量以及搞好计量支付的关键因素。

（三）计量与支付的原则

计量与支付不仅直接涉及业主与承包商的经济利益，而且是监理工程师的重要权力和监理手段，在计量支付中遵守基本原则，是搞好工程质量的有效保障。

1. 合同原则

无论是计量还是支付，都应熟悉合同文件、技术规范、设计图纸和工程量清单，必须严格遵守合同中的有关规定，明确技术规范中一些不单独计量与支付的项目，使每一项工程的计量和支付都符合合同要求。

2. 公正性原则

计量支付应保持公正的立场和恪守公正的原则，监理工程师必须在计量与支付工程中正确地使用权力，准确地计量，实事求是地处理好业主与承包商之间的纠纷，合理地确定工程费用。必须以认真负责、客观公正的态度做好每一项工作，确保计量与支付准确、真实和合法。

3. 时效性原则

计量与支付都具有严格的时间要求，时效性强。计量不及时，会影响承包商的施工进度；支付不及时，会直接产生合同纠纷。FIDIC条款对计量与支付规定了严格的时间限制，因此，一定要按时进行计量与支付。

4. 程序性原则

为了保证计量与支付准确、真实和合法，合同条款规定了严格的程序，这些程序规定了各项工程细目和各项工程费用进行计量与支付的条件、办法及计算、复核、审批的环节，是从合同上、组织上和技术上对计量与支付的严格管理，确保了准确和公正，如计量必须以质量合格为前提，支付必须以计量为基础等。因此，计量与支付必须遵守程序，通过按程序办事来提高数据的准确性、真实性和合法性，以保证计量与支付准确、合理。

（四）计量支付的依据

在工程实施过程中，计量支付工作主要按照合同及有关文件规定执行。因此，合同文件中有关计量支付的规定是工程实施过程中计量支付工作的主要依据，它体现在以下五个方面：

1. 合同条款

合同条款由项目专用条款、通用条款组成，是计量与支付工作的最根本依据。合同条款对计量支付的办法、计量支付的项目做出具体描述，并对合同价款的支付办法、支付期限做出具体规定。

2. 技术规范

技术规范是有关使用设备工序、执行工艺过程以及产品、劳动、服务质量要求等方面的准则和标准。当这些技术规范在法律上被确认后，就成为技术法规。技术规范可分为国家、部门、行业、地方等不同效力四级。合同文件中的技术规范对工程项目应达到的质量要求进行了约定。只有达到技术规范所要求的技术标准和约定的质量标准的工程才能进行计量。

3. 计量支付细则

为了统一公路工程工程量清单的项目号、项目名称、计算单位、工程量计算规则和界定工程内容而制定的计量支付细则，是编制工程量清单的依据。根据《公路基本建设工程造价计价规范》，招标文件《范本》中各章节的计量支付细则对计量支付的项目及每个支付项目的工作内容、计量方式进行了详细的规定和描述，尤其是针对本项目制定的项目专用条款中的计量支付细则，包括项目建设过程中的一些计量补充协议等。

4. 设计图纸（含工程变更）

设计图纸是确定计量工程量的最重要依据。承包单位必须按图纸施工，任何设计图纸以外的工程数量都不予计量，除非该部分工程量在施工前通过变更等书面方式经监理工程师或业主同意。

5. 工程量清单

工程量清单是工程计量的基础，是作为编制招标控制价、投标报价、计算工程量、支付工程款、调整合同价款、办理竣工结算以及工程索赔等的依据之一。若有对工程量清单进行修订，则以修订的工程量清单为准。工程量清单由前言、工程细目、计日工明细表、清单汇总表四部分组成。

（五）计量支付的审批流程

计量支付的审批流程在《公路工程施工监理规范》中有明确的规定。各工程具体实施中有细微差别，但大致均可分为三个步骤：现场计量、监理工程师审核、业主审定并支付。

1. 现场计量

工程需要计量，监理工程师应审查承包人提出的计量申请或向承包人发出计量通知，开始现场计量工作。现场计量主要是对工程的实际进度情况进行现场测量与计算，并确认其工程数量。现场计量方式主要有以下四种：监理工程师独立计量；承包商进行计量；监理工程师与承包商共同计量；监理工程师、承包商、设计单位、建设单位共同计量。

以上四种计量方式各有优缺点：由监理工程师独立计量程序较为复杂，工程量确认时间较长，占用监理人员较多；由承包商进行计量可以减少监理人员的工作量，但对计量的精确性不易控制；由监理工程师与承包商共同计量综合了前两种方法的优点，故大多数工程都采用由监理工程师和承包商共同计量的方式；路基基底处理、结构物基底处理及其他复杂、有争议项目、须现场确认项目采用第四种方式计量。

2. 监理工程师审核

监理工程师必须检查承包人为计量准备的有关资料，发现问题或资料不全，应退还承包人，暂不进行计量。填写中间计量表：必须清楚真实地填写计量结果，对承包人在合同规定的时间内提出的异议，应进一步检查计量记录。现场计量之后监理工程师要对以下四个方面的内容进行审核：计量的工程质量必须质量合格、手续齐全，且符合安全和环保要求，质量达不要求的计量，监理工程师依据合同提出计量方法，并报建设单位批准；现场计量的数量是否准确，避免重复计量或超额计量，避免计量工程量超计、漏计、重计（各方核定的工程量）；费用的计算是否符合合同条款要求；必须经总监理工程师批准。

3. 业主审定并支付

在完成现场计量、监理工程师审核之后，由施工单位、监理单位有关人员签字形成计量支付证书，上报业主后业主应对以下三个方面的内容进行审查：对计量的工程质量是否符合技术规范进行抽样检查；对现场计量数量的准确性进行抽样检查；费用的计算是否符合合同要求。

业主收到监理工程师签认的支付证书后，审查无误后按合同规定的时间支付费用给承包商。

（六）工程计量的原则与方法

工程计量是计量支付工作的基础，是准确、及时地进行支付工作的前提和基础，必须遵循一定的原则与方法，才可以做到准确、及时地计量。

1. 工程计量的原则

按照《公路工程施工监理规范》中的规定，工程计量主要遵循以下三个原则：

①不符合合同要求的工程不得计量。

②严格按合同文件规定的方法、范围、内容、单位进行计量。

③按监理工程师同意的方法进行计量。

2. 工程计量的计算方法

根据技术规范、计量细则、工程量清单及合同文件的规定，工程计量主要采用以下六种方法：

（1）断面法

常用于土石方的计量。

（2）图形法

常用于结构物、用断面法计算误差较大时土石方的计量。

（3）凭证法

常用于保险、技术服务等工程细目的计量。

（4）均摊法

主要用于工程量清单中的有关细目（如临时工程、监理工程师有关设施的提供等）计量，按合同有关规定按月或其他方式分期支付。

（5）定额法

主要用于材料调差的计量，采用定额或施工、生产配合比进行重量计算，如沥青、水泥等。

（6）总额法

对成套结构物或结构单元采用总额或一次性支付。

3. 工程计量的周期

工程计量的周期在合同条款中有明确规定，通常采用以下方式：

（1）分期计量

每月按照规定截止日期的当期完成量达到一定额度进行计量，竣工后决算，大多数工程采用这种方式。

（2）一次计量

部分合同金额较小的工程项目可以采用竣工后一次计量的方式。这种方式操作最简单，但不利于施工单位资金周转。

（3）分阶段计量

按照阶段形象进度进行计量，如房建基础完成计量一次、主体完成计量一次、装饰完成计量一次等。这种方式计量次数少，计算较为简单，适用于合同金额不大、工期不长的工程。

4. 工程计量的管理

（1）计量记录的管理

计量记录及档案的管理是计量工作中的一个重要内容，对于公路工程这样的复杂项目，多次计量后，形成一系列的计量资料。只有在完善计量记录的管理基础上加强对计量的档案管理，才能使项目的计量工作顺利完成。

（2）计量台账

计量台账是工程计量管理的一项重要内容，是计量支付证书的部分关键数据的汇总，通过台账管理，可以更方便细致地了解、查阅及追溯工程计量结果。

5. 工程计量的格式

计量支付证书的格式取决于业主方规定的表格处理方法，通常表格处理方法有以下三种：

（1）手工法

手工填写固定格式的表格，或手工填写后打印成固定格式的表格。这种方法好处是成本低、直观、不需要电脑知识；缺点是速度慢、错误多，除少数工程量少的项目外，现在基本不采用。

（2）电子计量法

采用软件公司等编制的计量支付软件，可以实现数据的全自动计算、汇总、打印，可以实现网上数据的上传、审核、分析、监控，可以实现计量支付上报、审核、审批的流程化作业，效率高、智能化程度高；缺点是前期数量复核工作量大、价格较高，大中型工程可以采用，小型工程普及较难。

（3）Excel法

Excel法综合了手工法和电子计量法的优点，在一定程度上实现了自动化和格式化，便于业主统一格式；同时，Excel属于通用程序，因此不需要花钱购买专用软件，只需由业主规定一个模板文件，复制使用即可。

通常高速公路施工中普遍采用电子计量法，国省道路网改建工程中普遍采用Excel法，手工法较少采用。部分项目计算、核量采用软件，审批流程走书面形式，费用较经济。

6. 工程计量分析

（1）总体进度分析

工程计量的结果可以精确地反映出工程的进度情况。通过计量可以得到该工程的实际进度，通过与计划进度的对比，得到S曲线图，可以得出工程实际进度、工程计划进度、计量进度互通之间的差距；同时，通过与形象进度对比，可以反映施工单位流动资金需求量等。

（2）各单位工程、分部工程的计量统计分析

一方面可以分析出实际进度与计划进度的差距发生在哪些方面，从而找出原因以便采取措施；另一方面可以复核工程计量的合理性与准确性。

（七）工程费用的支付

工程费用支付管理是工程费用控制的一个主要内容，也是承包单位获取工程资金的主要来源，准确与及时地支付工程费用是保障工程顺利进行的重要因素。

通常，工程的进展与工程费用的支付存在一定的时间差，这就是费用支付的滞后性。也就是说，依靠工程进度款或中间计量支付款来作为工程施工期间的流动资金是不及时的，所以业主方通常会以提供开工预付款及材料预付款的方式给予承包单位一定的补偿，同时要求承包商要带一定额度的流动资金。

工程费用支付工作十分重要，而且在不同的工程项目中又有不同的管理办法，但总体上来讲，应遵循以下三条原则：

1. 必须以工程计量为基础

计量是支付的基础，没有准确的计量就没有准确的支付。由于计量是以质量合格为前提的，所以工程费用的取得以工程计量和质量合格为基础。只有对工程计量和工程质量进行严格的检查和认真的复核，才能保证工程费用的准确支付。

2. 必须以计量支付细则和工程量清单为依据

招标文件《范本》的计量支付细则规定了哪些工程细目不予单独计量，其费用包含在其他工程细目中。因此，计量支付细则既是投标报价的依据，又是工程费用支付的依据，在进行工程费用支付时，必须认真地阅读和理解。

工程量清单由投标单位投标报价时填写，是工程费用支付的单价依据。没有单价的工程细目，被认为其费用被其他细目的单价所包含；有单价的工程细目，应注意其单价的包含程度。一般来说，工程量清单中的单价是不变的，除非发生变更。发生变更时，费用支付应以变更申请的批复文件为依据。

3. 必须以合同条款为依据

合同条款与工程费用的支付密切相关，在合同条款中规定了工程支付方法、支付时间、支付范围、支付种类等，只有认真理解合同条款，才能顺利地完成工程费用的支付。

（八）合同计量及支付

除了计量清单工程量并支付工程进度款之外，计量支付还有合同计量的内容，即按照合同条款进行的索赔、价格调整、迟付款利息（违约金、开工预付款、材料预付款）、保留金等。虽然合同计量在工程费用中所占比重不大，但其灵活性比清单支付要大，比较难以把握与控制，是计量支付工作的重点和难点。

1. 索赔

索赔是指在合同履行过程中，对于自己承受的实际损失向对方提出经济补偿的行为。提出索赔的前提是：出现的损失并非自己的过错，应由对方承担责任。合同条款中有索赔方面的详细规定。

索赔按照其目的分为费用索赔和时间索赔：费用索赔是对额外增加资源消耗的索赔；时间索赔又称为工程延期，是对由于业主责任引起的工程延期的索赔。

索赔按照索赔依据分为合同规定的索赔、非合同规定的索赔和道义索赔。

大量的实践证明，处理索赔是一项复杂而棘手的工作，是最具技巧性、灵活性和政策性的工作。要搞好索赔工作，须注意以下三点：

①全面掌握合同条款、技术规范和现实情况，明确处理索赔的原则，处理索赔时客观、公正。

②索赔证据应具有真实性、全面性、关联性、及时性并具有法律证明效力，费用计算的每一细节必须准确。

③工程延期时间估算准确，理由充分。

索赔的支付比较简单，一般是在中期支付时作为一个支付项目来处理。由于索赔的争议较大，索赔的处理需要经历一段较长的时间。由此可见，索赔的处理过程十分复杂，但费用的支付却相当简单。

2. 价格调整

进行价格调整可以使承包人和业主公平、合理地分担价格方面的风险，使承包人报价时既能够合理地计算报价并免除中标后因为劳力或原材料涨价带来的风险，又能保证业主获得较真实、可靠的报价，并在工程决算时能在合理的价格水平上负担工程费用。

合同条款对合同价格是否可以调整、价格调整的时间、调整方法、调整原则、调整范围等都有明确规定。

价格调整方法一般有：

实物价差补差法：通过计算材料的实际价格与投标时的价格差来计算材料的总价差并予以补偿的方法。由于材料的市场价格具有不稳定性和不唯一性，材料价差计算具有相当大的难度；通常采用交通部门发布的材料信息价为准，进行补差。

调值公式法：按照合同中规定的调值公式，根据人工、钢材、木材、水泥等各影响因素的基期价格指数和当期价格指数计算出当期实际结算款的方法。

3. 迟付款利息

迟付款利息支付的依据是合同条款，为敦促业主尽快地将工程款支付给承包商，合同条款中设立了有关迟付款利息支付的项目。

（1）违约金

一般公路工程项目的违约金在合同中均有明确的规定，出现最普遍的叫违约罚款。按照合同规定的比例按延期的天数来计算，但不应超过合同规定的限额。该费用在中期支付时支付。

（2）开工预付款

开工预付款又叫动员预付款，是业主提供给承包人用作开工准备及人员、设备进场的无息贷款，以减轻承包商资金周转的压力。

支付开工预付款必须满足合同规定的条件，即有关保函是否递交、是否具备开工条件。开工预付款的扣回，当工程进度款达到30%时起扣，工程进度款达到80%时扣完。

（3）材料预付款

根据合同文件的规定，业主应给承包人支付材料预付款，以备承包人用于支付购买用于永久工程的材料的费用，该费用不计利息。材料预付款的支付条件由合同规定，一般有以下四条：

①材料设备将用于永久工程。

②材料与设备已经到达生产场地。

③材料的质量和存放方法满足合同要求。

④提供有关价格票据。

材料预付款的扣回：当材料设备已用于永久工程后，材料预付款应予以扣回；也可以简化为从支付材料预付款的下一期开始平均扣回，在工程竣工之前扣完。

4. 保留金

保留金也叫尾留款、保修金、质量保证金、缺陷责任保证金，就是按合同规定，在中期支付时业主按一定比例（5% ~ 10%）扣留的一笔款项，其目的是在工程的缺陷责任期内，保证承包商能按合同要求对因承包商引起的工程缺陷进行修复。如承包商未能履行合同时，业主可指定他人进行缺陷修复，并从保留金中支付其费用。

缺陷责任期（一般为2年）结束后，承包人上报清账单申请返还保留金。

（九）搞好计量支付的关键因素

1. 熟悉计量支付管理流程与程序

目前，我国的公路工程建设管理有多种模式。因此，在处理计量支付时，首先应对该工程的管理流程与程序进行研究，根据管理模式、管理目标等，制定计量支付管理制度，明确计量支付程序，细化各环节流程。

2. 全面掌握和理解合同条款与技术规范

合同条款和技术规范是工程计量、费用支付管理、合同费用支付的依据，因此在进行计量支付业务之前必须全面理解合同条款明示与暗示的内容。

3. 熟悉工程图纸与工程量清单

进行计量支付业务前还必须将工程图纸对照工程量清单、计量细则进行研究，以了解工程图纸中的项目，哪些不属于计量支付项目，哪些属于计量支付项目，属于哪一个支付项目。进一步分析出每一单位工程、分部工程、分项工程的工程承包费用，以便在计量支付时进行对比分析。

4. 做好日常管理记录，并加强计量分析

虽然合同对工程费用进行了大量的、详细的规定，但对工程实施过程中有些必须发生的费用，还是无法确定，如工程变更、计日工、暂定金等。因此，在工程建设过程中，有关的管理记录如变更申请与批复、计日工、暂定金的使用与批复、有关法规的变更等与计量支付有密切相关的内容都必须加以记录；同时在计量时，必须加强分析，以确保计量的合理性与准确性。从不同的角度进行分析，如将清单的支付项目、分部分项工程等计量结果与工程进展、合同数量进行对比分析。

5. 运用计算机进行辅助管理

在实际工作中，人工管理总是会出现一些不尽如人意的问题，如时间长、工效低、易出错等，因此应尽可能地利用计算机进行管理。实践证明，利用计算机进行管理的好处较多：大大提高工作效率，使计量支付工作能及时有效地开展；提高准确性和可追溯性；规范计量支付工作，加强管理力度，减少人为因素对计量支付业务的干扰；便于统计各种报表，减少计量人员统计工作强度；能对计量支付工作进行实时动态管理；计量工作提高透明度，增加廉政建设。

计量支付工作涉及合同双方的经济利益，具有极其重要的作用，同时，计量支付是一项复杂的系统工程，涉及工程、合同、财务、计算机等多个方面，做好计量支付工作需要

拓宽知识面，加强责任心，补充业务知识，总结经验教训。计量支付工作需要具有合同、技术、安全、环保、法律、财务等多方面知识的复合型人才胜任。

二、高速公路工程计量支付管理系统规划及应用

（一）高速公路计量支付管理运行体系规划

公路建设自实行招投标制和引进FIDIC条款以来，工程计量支付就以工程量清单为基础，进行计价。计量支付工作表面上是从合同签订后才开始，事实上在施工图完成后，编制工程量清单时就已经开始；而且清单编制和技术规范是相辅相成的，工程量清单的完善性决定了计量支付过程是否顺利，有歧义的内容多，势必争议多、争端多，索赔也多，会造成计量支付工作局面被动，严重影响工程建设进展。实质上，工程计量支付工作就是清单形成、计算的过程，按行业通常惯例，高速公路计量支付管理运行体系的程序如下：

①设计院完成施工图设计后，按国家公路工程标准施工招标文件编制工程量清单。

②招标代理单位或代建单位或业主对清单进行复核，提出修改建议，并与技术规范一一对应。

③施工单位投标时，评标专家对清单进行复核，审查其是否符合招标文件要求。

④建设单位（或代建单位）组织施工、监理对工程进行单位、分部、分项工程划分，为与工程量清单一致，增加部分分部、分项工程的子单元。

⑤各方计算各分项工程数量，经汇总后与工程量清单核对，确定各方认可的工程数量。

⑥完善计量、支付操作细则，如对设计中的估算量，个别分项工程数量巨大、施工时间长的项目，众多结构物完成后养护时间长的项目，科研项目，原设计错、漏、碰、缺的项目等要明确处理办法、程序。

⑦根据计量支付管理办法、程序、细则及管理要求编制电子计量支付系统。

⑧将各方确认的工程数量输入系统并固化。

⑨对工程变更新增项目、单价，经审查确认后，按变更形式输入系统。

⑩施工单位每期计量只要选择要计量的分项工程，自动生成计量支付报表。

⑪监理、建设单位对电子计量支付报表进行审核认可后，予以支付，确认采用电子签章、数字签名等。

⑫结合所有中间计量支付汇总形成工程结算报表。

（二）计量支付管理系统模块规划

项目计量支付管理的过程时间较长、涉及面广、影响因素多，从施工图开始到竣工验收后，完成决算止，通常要有5～6年的时间，其间不可避免地出现政策变化、价格上涨、地质、气候异常、人员更替等，各项资料要保存完整、齐全也十分困难。建立计量支付动态管理的运行机制，通过信息化、网络化管理，能加强对工程计量支付的有效控制和管理。

（三）计量支付管理系统模块及其应用

计量管理是合同管理的重要环节，它贯穿整个工程项目管理始终，是控制工程造价、质量、进度的重要因素，需要建立管理专栏。

行业内所使用的各种计量软件较多，功能也大同小异，它们基本上是先走网上填报审批程序，解决快速支付问题，然后打印附件再补走人工签署程序。网上签署时，看不到附件，有些盲目；文本签署时，因资金已支付，容易粗心大意。而且这些计量支付方式不仅耗时较长，承包人需要投入的精力大，造成人力、物力、财力多重浪费，还容易滋生工程建设领域的腐败，由于资金拨付慢，甚至还会影响到工程进度。而电子签名计量支付系统具有七大优点：

①采用电子签名，直接在网上签署。

②操作界面简单，不需要安装用户端，签署逐步提醒，审批人只须被动操作。

③一次性网上填报审批签署，不需再进行文本签署，避免了先网上签署后文本补签形成的漏洞。

④自动记录各级审核耗时，签署全过程公开，有效起到监督作用，解决了目前电子文件无法取代文本文件的矛盾，杜绝作假和代签现象。

⑤数据库中保留审核修改记录。

⑥全过程动态控制，生成各种图表和台账，随时根据各单位需求开发功能，且随着工程进展不断调整功能。

⑦降低各单位的管理成本，提高效率。

计量系统只有计量人员有权限登录。计量分为两个流程：计量信息的填报、计量的签署。

首先由施工单位计量人员添加计量期号、填报计量数据、上传计量附件。正常的计量表格包括工程计量表、材料预付款、扣回材料预付款、中期财务支付证书，前面的表格填写完成后，最后提交支付证书，支付证书提交完成，计量填报即结束，系统自动生成表格信息，下一步进入签署流程。

进入签署，系统设定了黄色星号提醒功能，审批签字人员只须被动地根据星号提示进行审批、刷新，然后进入下一个星号的签署。在各级签署过程中，如发现计量存在问题，都可进行还原，还原后即回到施工单位填报的状态，但施工单位填报的数据仍保存，可进行修改、填报，流程重新开始。系统会自动通过签署进度条记录各签署进程和签署耗时。

指挥长签字完成后，计量流程结束。施工单位只须将计量资料"打印全套文件"，分送监理、业主存档，并报业主财务科进行支付。

"打印全套文件"后，由监理核对文本文件，并在计量系统"文档核对"中最后确认无误，施工单位即可添加下一期计量。

第八章 公路建设项目安全管理

第一节 公路工程安全管理的范围

一、路基工程施工的安全管理

（一）路基工程施工安全管理范围

路基工程施工安全管理的范围包括土方施工、石方施工、高边坡施工、爆破作业、机械作业、挡护工程等。其中各个管理方面都包含了对在过程中起到能动作用的人的管理和施工中的各种机械、工具等的管理，以及对施工环境的安全管理，即人们常说的"人、机、料、法、环"五个方面。

（二）路基工程施工安全管理的一般要求

1. 建立健全路基施工安全保障体系

项目经理部应建立健全路基施工安全保障体系，全面落实安全生产责任制，建立相应的安全生产预防、预警、预控、安全检查、隐患排查、事故报告与处理、应急处置等安全生产保障措施。

2. 施工现场布置应有利于生产，方便职工生活

施工现场的临时驻地与临时设施的设置，必须避开泥沼、悬崖、陡坡、泥石流、雪崩等危险区域，选在水文、地质良好的地段。施工现场内的各种运输道路、生产生活房屋、易燃易爆仓库、材料堆放，以及动力通信线路和其他临时工程，应按照公路工程施工的有关规定绘出合理的平面布置图。

3. 施工现场设安全护栏

施工现场内的坑、沟、水塘等边缘应设安全护栏，场地狭小，行人和运输繁忙的地段应设专人指挥交通。

4.路基用地范围内对其他设施及文物的保护

路基用地范围内若有通信、电力设施、上下水道（管）等，均应协助有关部门事先拆迁或改造，对文物古迹应妥善保护，下挖工程开挖前，应根据设计文件复查地下构造物（电缆、管道等）的埋置位置及走向，并采取相应的安全防护措施。施工中如发现可疑物品时，应停止施工，并报请有关部门处理。

5.路基施工机械设备应有专人负责保养、维修和看管

各种机械操作手、电工必须持证上岗，同时经常并加强对驾驶员、电工及路基作业人员的安全教育。

6.路基施工现场必须做好交通安全管理工作

夜间施工，路口、边坡顶必须设置警示灯或反光标志，专人管理灯光照明。

7.现场操作人员必须按规定佩戴个人安全防护用品

机械燃料库必须设消防防火设备。

8.施工现场的安全

施工现场的易燃品必须分开放置，并保证一定的安全距离。

二、路面工程施工的安全管理

（一）路面工程施工的安全管理范围

路面工程施工的安全管理范围包括：沥青路面工程的安全管理；水泥混凝土路面工程的安全管理。其中包括对施工作业人员的安全管理、施工中机械的安全管理、施工环境的安全管理。

（二）路面工程施工安全管理的一般要求

1.确定施工方案，及时准确地发布路面施工信息

施工前，施工单位应确定施工区的范围以及安全管理的施工方案，对路面情况进行深入细致的分析，并在开工前及时发布施工信息，警告过往车辆要注意施工路段的交通情况，提醒车辆绕道而行，避免车辆拥堵。

2.详细划分施工区域

设置好安全标志，严格按警告区、上游过渡区、缓冲区、作业区、下游过渡区、终止

区来划分施工区域。

3. 施工现场所有施工人员应统一穿着橘黄色的反光安全服

施工时还应设专职的交通协管员和专职安全员，而且安全员分班实行24h施工路段安全巡查。

4. 施工车辆必须配置黄色闪光标志灯

施工车辆停放在施工区内规定的地点。不得乱停乱放，要摆放整齐，特别在进出施工场地时，要绝对服从专职交通协管员的指挥，不得擅自进出。

5. 提示作用

在施工区域两端应设置彩旗、安全警示灯、闪光方向标，给施工车辆和社会车辆以提示作用。

三、桥涵工程的安全管理

（一）桥涵工程的安全管理范围

桥涵工程的安全管理范围包括：桩基工程的安全管理；墩台工程的安全管理；墩身、盖梁工程的安全管理；桥面工程的安全管理等。其中各个管理方面都包含了对施工中人的安全管理，机械、工具等的安全管理以及施工环境的安全管理。此外，桥涵工程施工安全还要注意高处作业安全、缆索吊装施工安全、门架超重运输安全、混凝土浇注安全、泵送混凝土安全、模板安装及拆除安全、脚手架安全、支架施工安全、钢筋制作安全、焊接作业安全等。

（二）桥涵工程施工安全管理的一般要求

第一，高墩、大跨、深水、结构复杂的大型桥梁施工，应对施工现场进行重大安全风险辨识与评估，并制定相应的安全技术措施。工程开工之前，应根据公路工程施工安全技术的要求制定出相应的安全技术操作规程，并及时向施工人员进行安全技术交底。

第二，施工人员进入施工现场必须正确佩戴个人安全防护用品、用具，严防高处物体坠落，物体打击，触电或其他各类机械的、人为的伤害事故发生。

第三，施工前应对施工现场安全防护设施、临时用电、临时机电机具、特种设备设施等进行全面的安全检查，确认符合安全要求后方可施工。

四、隧道工程施工的安全管理

（一）隧道工程施工的安全管理范围

隧道工程施工的安全管理范围包括：隧道施工爆破作业的安全管理；隧道内运输的安全管理；隧道施工支护的安全管理；隧道施工衬砌的安全管理；隧道施工中通风、防尘、照明、排水，以及防火、防瓦斯的安全管理等。

（二）隧道工程施工安全管理的一般要求

第一，隧道工程施工必须根据国家有关安全生产的法律法规、标准规范、施工组织设计等编制分部分项工程安全专项施工方案。

第二，隧道施工作业前，必须进行超前地质预报，全面了解地质状况，根据围岩等级进行钻爆设计，选择合适的施工方法和施工工艺，合理安排施工工序。

第三，洞外施工场地应平整不积水，应对车辆人员通道、出渣、进出材料、结构加工等进行合理布置，通畅有序。弃渣场地应设置在不堵塞河流、不污染环境、不毁坏农田的地段。

第四，隧道钻爆作业前，应对通风、排水、用电、通信进行专项设计，动力电线应与照明线路分开布设，照明器材及用电设备应根据隧道类型选用防爆型或非防爆型。

第五，分部分项工程作业前必须逐级向作业人员进行安全技术交底，交底人和被交底人应在交底书上签字。

第六，隧道施工所有进出洞的人员必须本人签字登记，并应建立完善的交接班制度和进出洞翻牌制度。

第七，隧道爆破工和炸药库保管员必须经过公安机关的专业培训并取得作业资格证后方可上岗作业。

第八，进洞作业机动车辆应安装尾气净化装置或采取其他净化措施，防止有害气体在洞内积聚对作业人员造成伤害。

第九，隧道软弱围岩施工应遵循"超前探、管超前、短进尺、弱（不）爆破、强支护、勤量测、紧衬砌"的原则，施工组织要围绕这一原则开展施工。

五、水上工程的安全管理

（一）水上工程施工的安全管理范围

水上工程施工的安全管理范围包括：针对水上施工的安全培训和安全技术交底；针对

水上施工气象、水文、海域、航道、海上紧急避险等外界施工环境的安全管理；针对水上交通、浮吊等施工机械的安全管理等。

（二）水上工程施工安全管理的一般要求

第一，水上工程施工应严格按照《中华人民共和国海上交通安全法》《中华人民共和国内河交通安全管理条例》《中华人民共和国水上水下活动通航安全管理规定》及其他有关规定，制定相应的施工安全措施。

第二，在船舶适航的大江、大河、大海区域进行水上施工作业前，必须按《中华人民共和国水上水下施工作业通航安全管理规定》的程序，在规定的期限内向施工所在地的海事部门提出施工作业通航安全审核申请，批准并取得水上水下施工许可证后，方可施工。

第三，水上作业施工前，应了解江、河、海域铺设的各种电缆、光缆、管道的走向，并按规定采取有效措施予以保护，防止电缆、光缆及水下管道遭到损坏。

第四，项目应制订水上作业各分项工程安全实施方案和水上作业安全技术措施，防止施工便桥、平台、护筒口、模板施工低于水位，影响施工和行洪；对参加水上施工作业人员必须进行水上作业的安全知识教育和专项技术培训，并做好安全交底工作。

第五，水上施工必须在作业人员必经的栈桥、浮箱、交通船、水上工作平台、临时码头上配备安全防护装置和救生设施。

第六，进行水上夜间施工时，要有充足的灯光照明，尽量避免单人操作，特别是电焊作业时，最少安排两人相互监护。

第七，施工项目要与地方气象部门、海事部门建立工作联系，及时了解和掌握施工水域的气候、涌潮、浪况、潮汐、台风等气象信息，以便正确指导安全施工。

第八，作业人员进入水上作业时，必须穿好救生衣，戴好安全帽。乘坐交通船上下班时，必须等船停稳后，方可从指定的通道上下船。严禁从船上往下跳跃，防止拥挤、推拉、碰撞、摔伤或滑落水中。

六、陆地工程的安全管理

（一）陆地工程的安全管理范围

陆地工程的安全管理范围包括：各类人员的安全培训考核、特殊工种持证上岗以及各种安全技术交底等针对人的安全管理；针对运输车辆、吊车、装载机、拌和站、摊铺机、压路机等的机械、机具的安全管理；针对施工现场各种安全防护、标志标语等环境的安全管理。

（二）陆地工程安全管理的一般要求

陆地工程安全管理是以保证公路工程项目在施工过程中以安全为目的的标准化、科学化的管理。其基本任务是发现、分析和控制工程施工过程中的危险、危害因素，建立安全管理体系，制定相应的安全管理措施，对各类从业人员进行安全知识的培训和教育，防止发生安全生产事故、职业病和财产损失。

其中包括：路基土方工程施工的安全管理；路基石方工程施工的安全管理；沥青路面工程施工的安全管理；水泥混凝土路面施工的安全管理。

七、高空工程施工的安全管理

（一）高空工程施工安全管理范围

高空工程的安全管理范围包括：高空作业人员管理；从业人员的安全培训、安全技术交底、现场安全监督检查等；高空作业临边防护及高空作业平台、高空防坠落等现场环境安全管理；高空作业机械、工具、各种用电等物的安全管理。

（二）高空工程施工安全管理的一般要求

第一，高空作业施工前，应逐级进行安全技术教育及交底，落实所有安全技术措施和个人防护用品，未经落实时不得进行施工。

第二，高处作业中的安全标志、工具、仪表、电气设施和各种设备，必须在施工前进行检查，确认其完好，方能投入使用。

第三，悬空、攀登高处作业以及搭设高处安全设施的人员必须按照国家有关规定经过专门的安全作业培训，并取得特种作业操作资格证书后，方可上岗作业。

第四，从事高空作业的人员必须定期进行身体检查，诊断患有心脏病、贫血、高血压、癫痫病、恐高症及其他不适宜高处作业的疾病时，不得从事高处作业。

第五，高空作业人员应头戴安全帽，身穿紧口工作服，脚穿防滑鞋，腰系安全带。在有坠落可能的部位作业时，必须把安全带挂在牢固的结构上，安全带应高挂低用，不可随意缠在腰上，安全带长度不应超过3m。作业时要严格遵守各项劳动纪律和安全操作规程，严禁酒后和过度疲劳的人员进行登高作业。

第六，高空作业场所有有坠落可能的物体，必须先行撤除或予以固定。所用物件均应堆放平稳，不妨碍通行和装卸。工具应随手放入工具袋，拆卸下的物件及余料和废料均应及时清理运走，清理时应采用传递或系绳提溜方式，禁止抛掷。

第七，遇有六级以上强风、浓雾和大雨等恶劣天气时，不得进行露天悬空与攀登高处作业。台风暴雨后，应对高处作业安全设施逐一检查，发现有松动、变形、损坏或脱落、漏雨、漏电等现象，应立即修理完善或重新设置。

第八，所有安全防护设施和安全标志等，任何人都不得损坏或擅自移动和拆除。因作业必须临时拆除或变动安全防护设施、安全标志时，必须经有关施工负责人同意，并采取相应的可靠措施，作业完毕后立即恢复。

第九，施工中对高空作业的安全技术设施发现有缺陷和隐患时，必须立即报告，及时解决。危及人身安全时，必须立即停止作业。

第十，高处作业上下应设置联系信号或通信装置，并指定专人负责。

八、爆破工程施工的安全管理

（一）爆破工程施工安全管理范围

爆破工程的安全管理范围包括：对操作人员进行的培训考核、技术交底、考试取证、安全教育等安全管理；对炸药、雷管、导火索以及其他爆破器材等物的安全管理；对爆破现场的安全距离、安全防护、安全警示等的环境的安全管理。

（二）爆破工程施工安全管理的一般要求

在基础工程施工中，常会遇到顽石或岩石等需要爆破作业来解决。爆破施工危险大，施工中导致爆破工程事故的原因主要有两种：一是对爆破材料的品种和特性以及运输与贮存情况不了解，导致装卸、搬运不当引起爆炸造成伤害；二是对引爆材料的选择及其引爆方法等不了解或使用不当造成爆炸。因此，爆破工程施工必须制定相应的安全控制措施。

第一，从事爆破工程的施工单位必须取得相应的爆破资质，方能从事爆破工程施工作业。

第二，爆破工程施工前，施工方案必须报有关部门审批后才能实施。

第三，按照《爆破安全规程》规定，爆破作业人员应参加培训经考核取得有关部门颁发的相应类别和作业范围、级别的安全作业证后，持证上岗。因此，爆破工程施工的作业人员必须按照国家有关规定经过专门的安全作业培训，并取得特种作业操作资格证书后，方可上岗作业。

第四，爆破作业和爆破作业单位爆炸物品的购买、运输、储存、使用、加工、检验与销毁的安全技术要求及管理工作要求，应严格按照《爆破安全规程》的相关规定实施。

九、特种设备的安全管理

（一）特种设备安全管理的范围

特种设备的安全管理范围包括特种设备的购买、租赁与安装；特种设备持证情况，包括设备的出厂合格证、检验合格证、使用地报检合格证、操作人员特殊工种证等；特种设备的保养、维修、使用、检验检查记录；操作人员的安全教育、技术交底等。

（二）特种设备安全管理的一般要求

第一，特种设备安全管理必须按照《特种设备安全监察条例》的有关要求制定相应的安全管理措施。

第二，塔式（门式）起重机、施工电梯、物料提升机等施工起重机械的操作（也称司驾人员）、指挥、司索人员等作业人员属特种作业，必须按国家有关规定经专门安全作业培训，取得特种作业操作资格证书，方可上岗作业。

第三，起重机械在安装、拆卸、加高作业前，应根据作业特点编制专项施工方案，并进行方案及安全技术交底。

第四，起重吊装作业时周边应置警戒区域，设置醒目的警示标志，防止无关人员进入。

第五，起重吊装作业过程必须遵守起重机"十不吊"原则。

第二节　公路工程安全管理的原则

一、公路工程施工安全管理概述

（一）公路工程概述

公路工程指公路构造物的勘察、测量、设计、施工、养护、管理等工作。公路构造物包括路基、路面、桥梁、涵洞、隧道、排水系统、安全防护设施、绿化和交通监控设施，以及施工、养护和监控使用的房屋、车间和其他服务性设施等。

公路工程项目施工是复杂的人机交互系统，涉及人员、构件众多，管理维护非常复杂，其施工特点主要包括：

第一，公路工程施工节点多、线路长、构造物形式多样、建设时间跨度大，施工过程中受限因素和外界干扰因素多，施工人员身心会发生不断的变化和面临各种不可预见的安全风险，导致安全事故发生概率不断增加。

第二，在构造物施工作业现场，高空作业、临边作业、洞口作业等特殊工种人员和临时用工人员多，人员安全意识、实操能力和个体防护能力不一，可能存在较大安全风险。

第三，施工人员流动性大，流动作业情况多，致使施工人员之间缺乏沟通，容易出现协作不畅等问题，导致作业过程中存在一定的盲目性和违章行为，增加了安全事故的发生概率。

第四，施工作业环境一般在野外，露天作业多，作业场地可能是各种地形地貌和地质条件，也可能跋山涉水，施工过程受不同季节、不同气候条件及外界干扰影响较大，也可能遭遇各种地质灾害，多样的环境因素对项目进度的推进影响较大，对施工作业人员体能和心理承受能力要求较高。

第五，施工作业涉及的大型设备、工程材料众多，大型设备运输和移动较为频繁，施工期间还可能存在征地拆迁、电力杆线及地下管线等附着物未及时迁移以及少数居民不理解、不配合、阻挠施工等外界干扰因素的影响。

以上这些特点表明，公路工程建设施工过程安全风险大，诱发事故的因素多，稍有不慎，就可能导致安全事故的发生。

（二）公路工程施工安全管理分析

1. 公路工程施工安全管理概念

公路工程项目作为高危工程建设项目，其施工安全管理是一项系统性的工程，是多要素、多层次、多环节和复合化结构组织的特殊复杂的系统。坚持公路工程施工安全管理整体效应，使各项安全管理要素和环节形成一个规范化的有机整体，对实现公路工程项目安全生产目标，保障施工人员的生命财产安全具有十分重要的意义。

公路工程项目施工安全管理是指公路工程项目生产、管理单位按照有关安全法律、法规为预防公路工程项目施工中发生安全事故而建立的安全管理系统，包括计划、组织、协调和控制等活动。公路工程项目施工安全管理是一项专业性、政策性、群众性、综合性非常强的工作，必须坚持以"系统管理、整体推进"的安全管理原则和"全员参与、上下联动"的安全工作原则为中心，着力建设高效精干的安全管理组织机构，不断建立健全安全生产保障体系，持续加强安全管理能力建设，切实保障项目人员生命财产安全和国家财产免受损失。

2. 公路工程安全事故分析

公路施工安全事故类型包括高处坠落、机械伤害、物体打击、坍塌、触电、起重伤害、淹溺、车辆伤害及其他等，其主要事故类型如下：

（1）高处坠落

指在离地距离超过2米的临边及洞口等作业面施工，而且由于缺乏完善的安保措施和牢固的作业基础，造成客观上存在一定坠落可能的作业类型。

（2）机械伤害

指施工人员在生产作业时，可能遭到的来自现场作业车辆和机械设备带来的如碰撞、刮擦、碾压、挤压、切割及拖带等安全事故。

（3）物体打击

指施工人员在作业过程中，可能遭到的落物砸伤、硬物撞伤及碎屑飞溅等物理性外力的伤害打击。

（4）坍塌

指由于基坑、模板支架、脚手架（含承重支架）、坑洞等坍塌引发的安全事故。

（5）触电

指由于施工人员在现场作业时，因接触了作业现场的电线、电源等带电设备设施和钢筋、钢板等导电材料可能引发的安全事故。

导致公路工程施工安全事故发生的原因主要有人、物和环境三个方面，三者共同构成了安全管理三要素，三者相互作用致使安全事故发生。人的因素是指受到人的生理、心理及行为等自然属性和意识、态度、文化等社会因素的影响而导致的不安全行为。物的因素是指施工涉及各类设备设施和机器工具的不安全状态导致的安全隐患。环境因素是指施工现场环境和自然环境等存在的安全隐患。

对施工现场可能发生安全事故的环境中存在的危险源进行有效识别，对其进行归类管理，并对相应危险区域进行标记和划分，可以有效实现施工危险区域的监控、管理和危险预防。

从安全管理的系统角度考虑，安全管理就是通过控制人、物、环境三要素，实现安全系统的优化和安全水平的最大化。在施工现场，施工人员的不安全行为是施工现场事故发生的主要原因，如未佩戴安全防护措施或者佩戴方法不正确、进入危险区域、动作行为不规范等；物的不安全状态包括具有安全隐患的机械设备、脚手架等临时设施的不安全状态；危险的环境指施工人员作业所处的具体环境存在安全隐患，作业环境的安全性受设计方案、施工方案、现场布置等多方面因素影响。因此，改善公路工程的安全管理水平，须从减少人的不安全行为、减少物的不安全状态以及提升环境安全性入手。

二、公路安全管理原则

（一）"管生产必须管安全"的原则

"管生产必须管安全"的原则是公路施工企业必须坚持的基本原则，是指企业主管生产的各级管理人员在生产过程中必须坚持在抓生产的同时要抓安全。"管生产必须管安全"的原则体现了"安全为了生产、生产必须安全"；体现了在计划、布置、检查、总结、评比生产工作的同时，计划、布置、检查、总结、评比安全生产工作。即实现生产与安全的"五同时"。

（二）"谁主管谁负责、一把手负总责"的原则

"谁主管谁负责、一把手负总责"作为企业安全生产的原则，首先明确了企业法定代表人是安全生产第一责任人，对本企业的安全生产应负全面责任；分管安全生产工作的副职，在其分管工作中涉及安全生产内容的，也应承担相应的领导责任。企业在制定安全生产领导责任制的同时还应制定全员安全生产责任制。这样才能保证企业的安全生产管理做到全面覆盖，使安全责任落实到位。真正形成主要领导负总责、分管领导具体抓、其他领导协助办、各部门各司其职、各尽其责、分工负责、齐抓共管的安全生产工作的新局面。

（三）"预防为主"的原则

"预防为主"的原则，就是把安全生产工作的关口前移，超前防范，建立预教、预测、预想、预报、预警、预防的递进式、立体化事故隐患预防体系，改善安全状况，预防安全事故。在新时期，"预防为主"就是通过建设安全文化、健全安全法制、提高安全科技水平、落实安全责任、加大安全投入、强化有效的安全管理和技术手段，构筑坚固的安全防线。安全生产管理工作应该做到预防为主，减少和防止人的不安全行为和物的不安全状态，这就是预防为主的原则要求。

（四）"动态管理"的原则

即安全管理过程是一个动态的管理过程。随着施工项目的进展，安全管理的内容和重点也在发生着变化。所以，在公路工程施工安全管理方面要坚持"动态管理"的原则。

（五）"计划性、系统性"原则

安全管理的两个显著特点即计划性和系统性，安全管理和其他管理大同小异，都要将其列入年度或月度计划中去。企业的安全管理要依据企业安全生产实际和上级主管部门

的要求，合理确定企业某时期的安全生产方向、目标值以及实现安全目标的主要措施。所以，安全管理要坚持计划性的原则。另外，安全管理作为一种企业管理模式也具有一定的系统性，它包括在企业管理的大系统当中，同时安全管理自身也是一个系统，本身具有一定的整体性、相关性、目的性等。

（六）"奖励和惩罚相结合"的原则

在公路工程施工安全管理当中既要采用奖励的管理手段，同时也要采用惩罚的管理手段。奖优要本着"精神鼓励与物质鼓励相结合"的原则，充分体现奖优罚劣。表扬先进，促进后进，形成有效的激励机制，做到奖励和惩罚相结合。

（七）"安全第一"的强制性原则

安全第一就是要求在进行生产和其他活动时把安全工作放在一切工作的首要位置。当生产和其他工作与安全发生矛盾时，要以安全为主，生产和其他工作要服从安全，这就是"安全第一"原则。

（八）"以人为本、关爱生命、安全发展"的原则

即在公路工程施工安全管理中，要处处做到把人的安全放到首位。以人为本，就是必须以人的生命为本，关爱生命、关注安全，从而做到安全发展。

（九）"四不放过"的原则

"四不放过"的原则是指在发生安全生产事故时必须坚持的处理原则，即事故原因不查清不放过，事故责任人没处理不放过，事故相关者没得到应有的教育不放过，事故的防范措施不落实不放过。

（十）"一岗双责"制的原则

实现安全生产"一岗双责"制就是在落实安全生产责任制的基础上，强调每个具体岗位兼有双重责任，即该岗位的本职工作责任和相应的安全生产责任。具体来说就是企业在安全生产工作中主要负责人负总责，其他副职既要履行分管业务工作职责，又要履行安全生产工作职责；在项目施工中要求各级管理人员在完成施工管理工作的基础上，同时承担着施工中的安全管理工作。

（十一）"一票否决"的原则

即对发生重特大事故的项目、部门和单位，将实行安全生产"一票否决"，即取消其

参与各类综合性先进单位或先进个人或者干部晋职晋级的资格。"一票否决"也进一步坚持了"实事求是、公平公正、全面考核、公开透明"的安全生产事故处理原则，有助于突出落实安全生产领导责任。

第三节　公路工程隐患与预案编制

一、公路工程安全隐患排查与治理

（一）安全生产事故隐患排查的基本概念

安全生产事故隐患（简称事故隐患），是指生产经营单位违反安全生产法律、法规、规章、标准、规程和有关安全生产管理制度的规定，或者因其他因素在生产经营活动中存在可能导致事故发生的物的危险状态、人的不安全行为和管理上的缺陷。排查的依据是国家和有关部门的法律法规等。

排查的事故隐患分为一般事故隐患和重大事故隐患。一般事故隐患是指危害和整改难度较小，发现后能够立即整改排除的隐患；重大事故隐患是指危害和整改难度较大，应全部或者局部停产停业，并经过一定时间整改治理后方能排除的隐患，或者因外部因素影响致使生产经营单位自身难以排除的隐患。

（二）安全生产事故隐患排查的目标及内容

公路工程施工安全生产隐患排查的目标是：落实工程项目安全生产主体责任和相关单位的安全管理责任，深入排查治理交通基础设施建设过程中的安全隐患，从而实现"两项达标""四项严禁""五项制度"的总目标。

1. 两项达标

（1）施工人员管理达标

一线人员用工登记、施工安全培训记录、安全技术交底记录、施工意外伤害责任保险等都要符合有关规定。

（2）施工现场安全防护达标

施工现场安全防护设施和作业人员安全防护用品都要按照规定实行标准化管理。

2. 四项严禁

严禁在泥石流区、滑坡体、洪水位下等危险区域设置施工驻地。

严禁违规进行挖孔桩作业，钻孔确有困难的不良地质区，设计单位要进行专项安全设计并按设计变更规定，经批准后实施。

严禁长、大隧道无超前预报和监控量测措施施工。

严禁违规立体交叉作业。

3. 五项制度

（1）施工现场危险告知制度

按照《公路水运工程安全生产监督管理办法》，严格安全技术交底制度，施工单位负责项目管理的技术人员，应如实向施工作业班组、作业人员详细告知作业场所和工作岗位存在的危险因素，并由双方签字确认。在上述场所应设置明显的安全警示标志，在无法封闭施工的工地，还应悬挂当日施工现场危险告示，以告知路人和社会车辆。

（2）施工安全监理制度

按照《建设工程安全生产管理条例》《公路水运工程安全生产监督管理办法》和《公路工程施工监理规范》，开展施工安全监理工作，加大现场安全监管力度。监理单位应按照法律、法规和工程建设强制性标准进行监理，编制安全生产监理计划，明确监理人员的岗位职责、监理内容和方法，审查施工组织设计中的安全技术措施或专项施工方案，核验施工现场机械设备进场检查验收记录，对危险性较大的工程作业加强巡视检查，督促隐患整改。

（3）专项施工方案审查制度

按照《公路水运工程安全生产监督管理办法》，对危险性较大的分部分项工程应编制专项施工方案，并附安全验算结果，经施工单位技术负责人、监理工程师审查签字确认后实施，由专职安全员进行现场监督。必要时，施工单位对所列工程的专项施工方案，还应组织专家进行论证、审查。

（4）设备进场验收登记制度

按照《公路水运工程安全生产监督管理办法》，施工单位在工程中使用施工起重机械和整体提升式脚手架、滑模爬模、架桥机等自行式架设设施前，应组织有关单位进行验收，或者委托具有相应资质的检验检测机构进行验收。使用承租的机械设备和施工机具及配件的，由承租单位和安装单位共同进行验收，验收合格的方可使用。在验收合格后30天内，应向当地交通主管部门登记。

（5）安全生产费用保障制度

建设单位在施工招标文件中应对安全生产保障措施提出明确要求。施工单位在工程投标报价中应包含安全生产费用，一般不得低于工程造价的1.5%，且不得作为竞争性条件。安全生产费用应用于施工安全防护用具及设施的采购和更新、安全施工措施的落实、安全生产条件的改善，不得挪作他用。

（三）安全生产事故隐患排查涉及的单位

公路工程施工安全生产事故隐患排查治理涉及的单位主要有各项目建设、勘察、设计、施工、监理等单位。

二、安全专项方案与应急救援预案的编制

（一）安全专项方案的编制

1. 编制安全专项方案的法律依据

施工单位应在施工组织设计中编制安全技术措施和施工现场临时用电方案，对下列达到一定规模的危险性较大的分部分项工程编制专项施工方案，并附具安全验算结果，经施工单位技术负责人、总监理工程师签字后实施，由专职安全生产管理人员进行现场监督：基坑支护与降水工程；土方开挖工程；模板工程；起重吊装工程；脚手架工程；拆除、爆破工程；国务院建设行政主管部门或者其他有关部门规定的其他危险性较大的工程。

对前款所列工程中涉及深基坑、地下暗挖工程、高大模板工程的专项施工方案，施工单位还应组织专家进行论证、审查。

2. 安全专项方案编制的主要内容

专项方案编制应包括以下内容：

（1）工程概况

危险性较大的分部分项工程基本概况、水文地质条件、施工平面布置、施工要求和技术保证条件。

（2）编制依据

相关法律、法规、规范性文件、标准、规范及图纸（国标图集）、施工组织设计等。

（3）预防措施

分部分项工程影响质量、安全的风险源分析及相关预防措施。

（4）设计文件

设计计算书和设计施工图等设计文件。

（5）施工准备

包括施工图进度计划、材料与设备计划。

（6）施工部署

包括技术参数、工艺流程、施工方法、施工技术要点。

（7）人员计划

专职安全生产管理人员、特种作业人员等资格要求。

（8）施工控制

检查验收、安全评价、预警观测措施。

（9）应急

应急预案及处置措施。

（二）应急救援预案的编制

1. 应急救援预案编制的目的

应急救援预案是针对可能发生的事故，为迅速、有序地开展应急行动而预先制订的行动方案；是为了及时、有效地应对重大生产安全事故，保证职工的生命安全与健康和公众生命，最大限度地减少财产损失、环境损害和社会影响而采取的重要措施。

安全生产事故应急救援的预案编制是应急救援体系建设工作的核心内容，是安全生产工作的重要组成部分，通过应急救援的预案编制，建立健全规范、科学、操作性强的应急预案体系，对于提高应对突发事（故）件的能力、保障人民群众的生命财产安全和企业健康发展都具有十分重要的意义。

2. 应急救援预案编制的依据

应急救援预案一般依据《中华人民共和国安全生产法》《建设工程安全生产管理条例》《安全生产事故报告和调查处理条例》《公路水运工程安全生产监督管理办法》《生产经营单位安全生产事故应急预案编制导则》等法律法规和本企业的安全生产实际编制。

3. 应急救援预案的类型

应急救援预案有综合应急预案、专项应急预案、现场处置方案三种主要类型。

4. 应急救援预案编制的主要内容

（1）总则

编制的目的；适用范围；应急组织体系的确定、工作原则与职责分工；应急响应；信息发布；后期处置；人员物资等保障措施；培训与演练；奖励与处罚等。

（2）生产经营单位危险性分析

危险源与风险分析，主要阐述本单位存在的重点危险源及风险分析结果。

（3）应急组织机构及职责

明确应急组织形式，构成单位或人员，并尽可能以结构图的形式表示出来；指挥机构及职责，明确应急救援指挥机构总指挥、副总指挥、各成员单位及其相应职责。应急救援指挥机构根据事故类型和应急工作需要，可以设置相应的应急救援工作小组，并明确各小组的工作任务及职责。

（4）预防与预警措施

危险源监控、预警提示信息、信息报告与处置等。

（5）应急响应

①响应分级。针对事故危害程度、影响范围和单位控制事态的能力，将事故分为不同的等级。按照分级负责的原则，明确应急响应级别。

②响应程序。根据事故的大小和发展态势，明确应急指挥、应急行动、资源调配、应急避险、扩大应急等响应程序。

③应急结束。明确应急终止的条件，事故现场得以控制，环境符合有关标准，导致次生、衍生事故隐患消除后，经事故现场应急指挥机构批准后，现场应急结束。

（6）信息发布

明确事故信息发布的部门、发布原则，事故信息应由事故现场指挥部及时准确地向新闻媒体通报事故信息。

（7）后期处置

主要包括污染物处理、事故后果影响消除、生产秩序恢复、善后赔偿、抢险过程和应急救援能力评估及应急预案的修订等内容。

（8）保障措施

①通信与信息保障。明确与应急工作相关联的单位或人员通信联系方式和方法，并提供备用方案。建立信息通信系统及维护方案，确保应急期间信息通畅。

②应急队伍保障。明确各类应急响应的人力资源，包括专业应急队伍、兼职应急队伍的组织与保障方案。

③应急物资装备保障。明确应急救援需要使用的应急物资和装备的类型、数量、性能、存放位置、管理责任人及其联系方式等内容。

④经费保障。明确应急专项经费来源、使用范围、数量和监督管理措施，保障应急状态时生产经营单位应急经费的及时到位。

⑤其他保障。根据本单位应急工作需求而确定的其他相关保障措施（如交通运输保障、治安保障、技术保障、医疗保障、后勤保障等）。

（9）培训与演练及奖励与处罚

要明确对本单位人员开展的应急培训计划、方式和要求，如果预案涉及社区和居民，要做好宣传教育和告知等工作；明确应急演练的规模、方式、频次、范围、内容、组织、评估、总结等内容；明确事故应急救援工作中奖励和处罚的有关内容。

第四节 公路工程临时用电安全要求

一、公路工程施工施工现场临时用电的基本原则

第一，施工现场的电工、电焊工属于特种作业工种，必须按国家有关规定进行专门的安全作业培训，取得特种作业操作资格证书后，方可上岗作业。其他人员不得从事电气设备及电气线路的安装、维修和拆除。

第二，施工现场的临时用电必须采用TN-S接地、接零保护系统。即具有专用保护零线（PE线）、电源中性点直接接地的220/380V三相五线制系统。

第三，施工现场的临时用电必须按照"三级配电二级保护"设置。

第四，施工现场的用电设备必须实行"一机、一闸、一漏、一箱"制，即每台用电设备必须有自己专用的开关箱，专用开关箱内必须设置独立的隔离开关和漏电保护器。

第五，正确识别"小心有电、靠近危险"等标志或标牌，不得随意靠近、随意损坏和挪动标牌。

二、配电室的安全技术要点

第一，施工现场配电室位置应靠近电源，周边道路畅通，进、出线方便，周围环境灰尘少、潮气少、振动小，无腐蚀介质，无易燃易爆物品；不要设在容易积水的场所或其正下方，并避开污染源的下风侧。尽量靠近负荷中心，以减少线路的长度和导线的截面积，提高配电质量，便于维护。

第二，配电室和控制室应能自然通风，并应采取措施防止雨雪和小动物出入；成列的配电屏（盘）和控制屏（台）两端应与重复接地及保护零线做电气连接。

第三，配电屏（盘）正面的操作通道宽度单列布置不小于1.5m，双列布置不小于2m，配电屏（盘）后的维护通道宽度不小于0.8m，侧面的维护通道不小于1m；配电室的顶棚距地面不低于3m；配电室内设值班或检修室时，该室外距配电屏（盘）的水平距离应大于1m，并应有屏障隔离；配电室内的裸母线与地面垂直距离小于2.5m时，应采取遮栏隔离，遮栏下面通行道的高度不小于1.9m；配电装置的上端距顶棚不小于0.5m。

第四，配电屏（盘）应装设有功和无功电度表，并分路装设电流、电压表；电流表与计费电度表不许共用一组电流互感器；配电屏（盘）应装设短路、过负荷保护装置和漏电保护器；配电屏（盘）上的各配电线路应编号，并标明用途标记；配电屏（盘）或配电线路维修时，应悬挂停电标志牌，停、送电必须由专人负责。

第五，配电室的建筑物和构筑物的耐火等级应不低于三级，室内应配置沙箱和绝缘灭

火器；母线均应涂刷有色油漆；配电室的门向外开，并配锁，专人保管。

三、施工现场配电线路的安全技术要点

施工现场的配电线路包括室外线路和室内线路。室内线路通常有绝缘导线和电缆的明敷设和暗敷设，室外线路主要有绝缘导线架空敷设和绝缘电缆埋地敷设两种，也有电缆线架空明敷设的。

（一）室外线路的安全技术要点

第一，室外架空线路由导线、绝缘子、横担及电杆等组成。室外架空线路必须采用绝缘铜线或绝缘铝线，铝线的截面积大于$1mm^2$，铜线的截面积大于$10mm^2$。

第二，架空线路严禁架设在树木、脚手架及其他非专用电杆上，且严禁成束架设；在临近输电线路的建筑物上作业时，不能随便往下扔金属类杂物；更不能触摸、拉动电线或电线接触钢丝和电杆的拉线。

第三，严禁在高压线下方搭设临建、堆放材料和进行施工作业；在高压线一侧作业时，架空线与施工现场地面最小距离一般为4m，与机动车道一般为6m，与铁路轨道一般为7.5m。

第四，电杆埋设深度宜为杆长的1/10加0.6m。但在松软地质处应加大埋设深度或采用卡盘等加固。跨越机动车道的成杆应采取单横担双绝缘子；15°～45°的转角杆应采用双横担双绝缘子；45°以上的转角杆应采用十字横担；直线杆采用针式绝缘子，耐张杆采用蝶式绝缘子。

第五，敷设电缆的方式和地点，应以方便、安全、经济、可靠为依据，电缆直埋方式，施工简单，投资省，散热好，应首先考虑；敷设地点应保证电缆不受机械损伤或其他热辐射，同时应尽量避开建筑物和交通设施。

第六，电缆直接埋地的深度不小于0.6m，并在电缆上下均匀铺设不小于50mm厚的细砂，再覆盖砖等硬质保护层，并插上标志牌；电缆穿过建筑物、构筑物时须设置套管。

第七，室外电缆线架空敷设时，应沿墙壁或电杆设置，严禁用金属裸线做绑线，电缆的最大弧垂距地面不小于2.5m。

（二）室内线路的安全技术要点

第一，在宿舍工棚、仓库、办公室内严禁使用电饭煲、电水壶、电炉、电热杯等较大功率电器。如需使用，应由项目部安排专业电工在指定地点安装可使用较高功率电器的电气线路和控制器。严禁使用不符合安全的电炉、电热棒等。

第二，严禁在宿舍内乱拉乱接电源，非专职电工不准乱接或更换熔丝，不准以其他金

属丝代替熔丝（保险丝）；严禁在电线上晾衣服和挂其他东西等。

第三，室内线路必须采用绝缘导线，距地面高度不得小于2.5m；接户线在挡距内不得有接头，进线处离地高度不得小于2.5m，过墙应穿管保护，并采取防雨措施，室外端应采用绝缘子固定；室内导线的线路应减少弯曲，采用瓷夹固定导线时，导线间距应不小于35mm，瓷夹间距应不大于800mm，采用瓷瓶固定导线时，导成间距应不小于100mm，瓷瓶间距应不大于1.5m；钢索配线的吊架间距不宜大于12m，采用护套绝缘导线时，允许直接敷设于钢索上。

第四，导线的额定电压应符合线路的工作电压；导线的截面积要满足供电容量要求和机械强度要求，但铝线截面积应不小于2.5mm^2，铜线的截面积应不小于1.5mm^2，导线应尽量减少分支，不受机械作用；室内线路布置应尽可能避开热源，便于线路检查。

四、施工现场配电箱与开关箱设置的安全技术要点

第一，施工现场临时用电一般采用三级配电方式，即总配电箱（或配电室），总配电箱以下设分配电箱，再下设开关箱，开关箱以下就是用电设备。

第二，总配电箱应设在靠近电源的地区；分配电箱应装设在用电设备或负荷相对集中的地区；分配电箱与开关箱的距离不得超过30m；开关箱应由末级分配电箱配电，开关箱与其控制的固定式用电设备的水平距离不宜超过3m。

第三，配电箱与开关箱应装设在通风、干燥及常温场所。严禁装设在有严重损伤作用的瓦斯、烟气、蒸汽、液体及其他有害介质中，不得装设在易受撞击、振动、液体浸溅以及热源烘烤的场所；配电箱与开关箱周围应有足够两人同时工作的空间和通道，不得堆放任何妨碍操作、维修的物品，不得有杂草、灌木等。

第四，配电箱、开关箱应采用铁板或优质绝缘材料制作，铁板厚度应大于1.5mm；配电箱内的电器应首先安装在金属或非木质的绝缘电器安装板上，然后整体紧固在配电箱箱体内；金属板与配电箱箱体应做电气连接。

第五，配电箱、开关箱内的连接线采用绝缘导线，接头不松动，不得有外露带电部分；配电箱、开关箱内的工作零线应通过接线端子板连接，与保护零线接线端子板分设；配电箱、开关箱的金属箱体、金属电器安装板以及箱内电器的不应带电金属底座、外壳等必须做保护接零，保护零线应通过接线端子板连接。

第六，动力配电箱与照明配电箱宜分别设置，如合置在同一配电箱内，动力和照明线应分路设置。

第七，配电箱、开关箱中的导线进线口和出线口应设在箱体的下底面，严禁设在箱体的上顶面、侧面、后面或箱门处；进线和出线应加护套分路成束并做防水弯；导线束不得与箱体进、出口直接接触；进入开关箱的电源线，严禁用插口式连接；移动式配电箱、开

关箱的进口线、出口线必须采用橡胶绝缘电缆。

第八，配电箱、开关箱应装设牢固、端正，移动式配电箱、开关箱应装设在坚固的支架上，固定式配电箱、开关箱的下底面与地面的垂直距离应大于1.3m，小于1.5m；移动式分配电箱、开关箱的下底与地面的垂直距离宜大于0.6m，小于1.5m；所有的配电箱、开关箱必须防雨、防尘。

五、配电箱、开关箱内的电器装置安全技术要点

第一，配电箱、开关箱内的电器装置必须可靠完好，严禁使用破损、不合格电器，各种开关电器的额定值应与其所控制的用电设备的额定值相适应。

第二，每台用电设备应有各自专用的开关箱，必须实行"一机一闸一漏"制，严禁用同一个开关电器直接控制两台及两台以上的用电设备（含插座）。

第三，在停、送电时，配电箱、开关箱之间应遵守合理的操作顺序：

送电操作顺序：总配电箱—分配电箱—开关箱；

断电操作顺序：开关箱—分配电箱—总配电箱。

正常情况下，停电时首先分断自动开关，然后分断隔离开关；送电时先合隔离开关，后合自动开关（出现电气故障时的紧急情况除外）。

第四，使用配电箱、开关箱时，操作者应接受岗前培训，熟悉所使用设备的电气性能和掌握有关开关的正确操作方法。

第五，总配电箱、分配电箱应装设总隔离开关和分路隔离开关、总熔断器和分路熔断器（或总自动开关和分路自动开关）。总开关电器的额定值，动作整定值应与分路开关电器的额定值、动作整定值相适应。

第六，总配电箱还必须安装漏电保护器、电压表、总电流表、总电度表和其他仪器。开关箱内的开关电器必须在任何情况下都可以使用电设备实行电源分离。

第七，开关箱内也必须安装漏电保护器，使用于潮湿和有腐蚀介质场所的漏电保护器应采用防溅型产品，总配电箱和开关箱中的漏电保护器应合理选用，使之具有分级分段保护的功能，漏电保护器至少每月检查一次，确保完好有效。

六、配电箱、开关箱使用与维护的安全技术要点

第一，施工现场所有配电箱、开关箱都要由专人负责（专业电工），所有配电箱、开关箱应配锁，并标明其名称、用途，做出分路标记。

第二，开关箱操作人员应熟悉开关电器的正确操作方法；施工现场停业作业1h以上时，应将动力开关箱断电上锁。

第三，配电箱、开关箱内不得放置任何杂物，不得挂接其他临时用电设备；使用和更换熔断器时，要符合规格要求，严禁用铜丝等代替保险丝。

第四，所有配电箱和开关箱每月必须由专业电工检查、维修一次，电工必须穿戴绝缘防护用品，使用电工绝缘工具；非电工人员不许私自乱接电器和动用施工现场的用电设备。

第五，配电箱的进线和出线不得受外力，严禁与金属尖锐断口和强腐蚀介质接触。

七、自备发电机组的安全技术要点

第一，大型桥梁施工现场、隧道和预制场地，应有自备电源，以免因电网停电造成工程损失和出现事故。

第二，施工现场临时用自备发电机组的供配电系统应采用三相五线制中性点直接接地系统，并须独立设置，与外电线路隔离，不得有电气连接；自备发电机组电源应与外电线路电源联锁，严禁并列运行；发电机组应设置短路保护和过负荷保护。

第三，发电机控制屏宜装设交流电压表、交流电流表、有功功率表、电度表、功率因素表、频率表和直流电流表。

第四，发电机组的排烟管道必须伸出室外。发电机组及其控制配电室内严禁存放储油桶。

第五，在非三相五线制供电系统中，电气设备的金属外壳应做接地保护，其接地电阻不大于4Ω，并且不得在同一供电系统上有的接地、有的接零。

八、电动机械设备的安全技术要点

第一，塔式起重机、拌和设备、室外电梯，滑升模板、物料提升机等需要设置避雷装置的井字架等，除了应做好保护接零外，电动机械的金属外壳，必须有可靠的接地措施或临时接地装置，防止电动机械的金属外壳带电，电流会通过地线流入地下，从而避免人身触电事故的发生。

第二，电动机械的供电线路必须按照用电规则安装，不可乱拉乱接。

第三，电动施工机械的负荷线，必须按其容量选用无接头的多股铜芯橡胶护套软电缆，其中绿/黄色线不论在任何情况下只能用作保护零线或重复接地。

第四，每一台电动机械的开关箱内，除应装设过负荷、短路、漏电保护装置外，还必须装设隔离开关，以便在发生事故时，可以迅速切断电源。

第五，大型桥梁外用电梯，属于载人、载物的客货两用电梯，要设置单独的开关箱，特别要有可靠的极限控制及通信联络。

第六，塔式起重机运行时，要注意与外电架空线路或其他防护设施保持安全距离。

第七，移动电动机械须事先关掉电源，不可带电移动电动机械。

第八，电动机械发生故障须停电检修时，须悬挂"禁止合闸"等警告牌，或者派专人看守，以防有人误将闸刀合上。

第九，电动机械操作人员要增强安全观念，严格执行机电设备安全操作规程。在操作时，应穿工作服、绝缘鞋等个人安全防护用品，严禁用手和湿布擦电动机械设备或在电线上悬挂衣物。

九、电动工具使用的安全技术要点

第一，施工现场使用的电动工具一般都是手持式的，如电钻、冲击钻、电锤、射钉枪、电刨、切割机、砂轮、手持式电锯等，按其绝缘和防触电性能可分为三类，即I类工具、II类工具、III类工具。

第二，一般场所（空气湿度小于75%）可选用I类或II类手持式电动工具，其金属外壳与PE线的连接点不应少于两处。装设的额定漏电动作电流不大于15mA，额定漏电动作时间小于0.1s的漏电保护器。

第三，在潮湿场所或金属构架上操作时，必须选用II类或由安全隔离变压器供电的III类手持式电动工具，严禁使用I类手持式电动工具。使用金属外壳II类手持式电动工具时，其金属外壳可与PE线相连接，并设漏电保护。

第四，在狭窄场所（锅炉内、金属容器、地沟、管道内等）作业时，必须选用由安全隔离变压器供电的III类手持式电动工具。

第五，手持电动工具应配备装有专用的电源开关和漏电保护器的开关箱，严禁一台开关接两台以上设备，其电源开关应采用双刀控制；使用手持电动工具前，必须检查外壳、手柄、负荷线、插头等是否完好无损，接线是否正确（防止相线与零线错接）。

第六，手持电动工具开关箱内应采用插座连接，其插头、插座无损坏，无裂纹，且绝缘良好；发现手持电动工具外壳、手柄破裂时，应立即停止使用并进行更换。

第七，手持式电动工具的负荷线应采用耐候型橡胶护套铜芯软电缆，并且不得有接头。在使用前必须做空载检查，运转正常后方可使用。

第八，作业人员使用手持电动工具时，握其手柄，不得利用电缆提拉，并且应穿绝缘鞋，戴绝缘手套。

第九，长期搁置不用或受潮的工具在使用前应由电工测量绝缘阻值是否符合要求。

第五节　特种设备安全控制要求

一、特种设备的概念及安全管理的必要性

特种设备是指那些涉及生命安全、危险性较大的，使用、管理不当容易发生安全事故的设备。按照《特种设备安全监察条例》规定：特种设备主要包括锅炉、压力容器（含气瓶，下同）、压力管道、电梯、起重机械、客运索道、大型游乐设施和场（厂）内专用机动车辆等。这些特种设备数量多、分布广，涉及生产、生活诸方面，是人们日常工作、生活中广泛接触且不可缺少的设备设施。国家对各类特种设备的安全管理十分重视，相继制定了有关的法规、标准，有效地降低了特种设备事故的发生。但是，由于近年来各类特种设备的数量急剧增长，在生产制造和使用运营过程中安全问题仍十分严峻，重大安全生产事故隐患依然存在。因此，必须采取强有力的措施，加强对特种设备的安全监管，杜绝各类设备事故，以减少人员伤亡和财产损失。

二、安全控制要求

特种设备安全管理的范围和一般要求在前面章节已经简单地进行了描述，但特种设备的安全管理除了满足上述一般要求外，还必须明确以下安全控制要点：

（一）特种设备主要负责人

按照《特种设备安全监察条例》规定：特种设备生产、使用单位的主要负责人应对本单位特种设备的安全和节能全面负责。

（二）特种设备操作标准化

按照《大型起重机械安装安全监控管理系统实施方案》要求，以公路建设、铁路建设、电站建设、船舶修造等行业（领域）为重点，逐步在新造和在用大型起重机械上安装安全监控管理系统，强化大型起重机械技术的安全管理和控制，促进现场操作标准化和规范化，实现大型机械安全形势的根本好转。

（三）特种设备安全管理制度

1. 特种设备安全责任制

包括各职能部门安全责任制和各岗位安全责任制。

2.特种设备安全规章制度

包括特种设备安装使用、维护保养、监督检查管理制度，特种设备隐患排查和整改制度，特种设备报检制度，特种设备安全培训制度等，特种设备安全技术交底制度，特种设备事故应急救援制度等。

3.特种设备安全操作规程

根据特种设备种类以及相关的法规、安全技术规范的要求，编制特种设备各岗位安全操作规程。

4.特种设备应急救援预案

根据本单位特种设备使用情况，制订重大事故应急救援预案和防范突发事故的应急措施，以便在发生事故时，能果断、准确、迅速地将影响范围缩小到最低限度；配备相应的抢险装备和救援物资；每年至少组织一次救援演练。

（四）特种设备的行政许可

1.特种设备登记

特种设备使用单位应在设备投入使用前或者投入使用后30天内到设备所在地市以上的特种设备安全监督管理部门办理特种设备使用登记。登记标志应置于或者附着于该特种设备的显著位置。

2.特种设备行政许可变更

特种设备停用、注销、过户、迁移、重新启用应到特种设备安全监督管理部门办理相关手续。

3.特种设备作业人员必须持证上岗

特种设备作业人员必须经有关主管部门考核合格，取得国家统一格式的证书后方可上岗操作。作业人员必须与企业办理聘任手续并到有关部门备案。

（五）特种设备定期检验

1.特种设备报检

特种设备使用单位应在特种设备检验合格有效期届满前一个月向特种设备检验检测机构提出定期检验要求（各特种设备的检验日期可从检验报告、合格标志查看）。

2.特种设备报检要求

起重机械报检时，必须提供保养合同、有效的作业人员证件。

3.特种设备换证

特种设备检验合格后，携带使用证、检验合格标志、检验报告、保养合同、保养单位的保养资质到有关主管部门办理年审和换证手续。

（六）特种设备安全培训

发生特种设备事故的原因主要表现为人的不安全行为或者设备的不安全状态。按照《特种设备安全监察条例》要求，特种设备使用单位应对特种设备作业人员进行特种设备安全、节能教育和培训，保证特种设备作业人员具备必要的特种设备安全、节能知识。因此，对人为因素，应通过培训教育来纠正。特种设备的作业人员包括设备的安装、维修保养、操作等人员。特种设备作业人员在持证上岗的基础上，做到有安全培训计划、有培训记录、有培训考核。

（七）特种设备使用的相关记录

1.特种设备日常使用状态记录（特种设备运行记录）

根据特种设备的类别做好特种设备日常使用状态的记录，对关键岗位的设备，要做到在生产中每隔一定时间就对主机设备的运行参数做完整的记录，每班将设备状况、有无故障、检修内容全部记录在运行日记中，班班交接，并将设备的使用状态全部记录在案。

2.特种设备维护保养记录

特种设备多为频繁动作的机电设备，机械部件、电器元件的性能状况及各部件间的配合如何，直接影响特种设备的安全运行。因此，对使用的特种设备进行经常性的维修保养是非常重要的。如果本单位没有维修保养能力，则应委托有资质的单位代为维修保养。需要强调的是：一定要委托有资质的单位并与之签订维修保养合同。建立的设备技术档案，也要有维修保养记录，以备查证。

3.特种设备检查记录

国家对特种设备实行安全检验制度，其目的是从第三方的立场，公平、公正地进行检验，以确保其安全。国家质检总局已颁布了电梯、施工升降机、厂内机动车辆、游乐设施等监督检验规程。在国家强制检验的基础上，设备的使用单位应根据特种设备的类别做好特种设备定期自行检查记录（包括日检、月检、年检记录），每月至少进行一次自行检查，并记录在案。

4. 特种设备运行故障和事故记录

做好特种设备运行故障和事故记录，当特种设备出现运行故障和事故时，详细记录故障或事故出现的原因、解决方法等。

5. 定期检验整改记录

将每次定期检验主要存在问题及落实整改情况记录在案。

（八）特种设备档案管理

1. 统一档案盒规格

特种设备的档案盒应统一规格。档案盒侧面应注明设备的类别，盒内要附上有关档案内容目录。

2. 档案分类

（1）文件法规类

将特种设备的法律法规、文件统一存放。

（2）综合管理类

将特种设备安全责任制、管理制度、操作规程、特种设备安全管理机构、管理结构图、专职兼职安全管理员任命书、特种设备使用管理安全责任承诺书等统一存放。

（3）特种设备台账类

使用账本或信息化管理系统对特种设备台账进行管理，账物相符，能方便索引到相应的档案信息。至少包括如下内容：设备分布情况、特种设备台账、特种设备作业管理人员和作业人员台账、技术档案、应急救援等。

（九）特种设备现场安全管理

1. 悬挂使用登记证

特种设备使用登记证（可使用复印件）应置于特种设备旁边。

2. 安全标志的张贴

电类合格标志。电梯、大型游乐设施等特种设备的检验合格标志应置于易为乘客注意的显著位置；起重机检验合格标志应张贴在该设备的电源控制箱的空白处；叉车的检验合格标志应张贴在叉车的显眼位置。

警示标志、安全注意事项。电梯、大型游乐设施等特种设备的警示标志、安全注意事项应置于容易被乘客注意的显著位置。

禁用标志。特种设备停用后，应将设备的电源断开，在设备显眼的地方张贴"禁止使用"的标志。

压力管道标志。在压力管道显眼地方，应标明管道的介质名称及介质流向。

3. 重点监控特种设备标志

纳入本单位安全管理重点监控的特种设备，应在设备明显位置，标注"重点监控特种设备"。

4. 特种设备管理制度、责任制、操作规程的张贴

将特种设备管理制度、责任制、操作规程张贴到相应的部门、工作岗位、特种设备使用场所。

5. 设备安全运行情况

特种设备的安全附件在校验有效期内，并且灵敏可靠；特种设备在许可条件下使用，无异常情况出现。

特种设备作业人员持有效证件上岗（随身携带副证以备检查），对设备运行情况及时进行记录（查验设备运行记录），无违章作业现象。

6. 设备环境情况

设备的工作环境应整洁、明亮通畅，符合安全环保、节能降耗的使用要求。

参考文献

[1]王晶，姜琴.路桥工程建设与公路施工管理[M].汕头：汕头大学出版社，2022.

[2]乔翔，刘庆元.公路路堑边坡建设管理与技术[M].北京：人民交通出版社，2022.

[3]李双祥.高速公路交通工程建设和养护管理研究[M].延吉：延边大学出版社，2022.

[4]赵世超，刘伟.高速公路施工监理手册[M].成都：西南交通大学出版社，2022.

[5]李刚，宁尚勇.公路桥梁工程施工与项目管理[M].1版.武汉：华中科技大学出版社，2022.

[6]王敬富，康伟.公路设计与绿色公路管理[M].延吉：延边大学出版社，2022.

[7]陈春玲，刘明.公路工程建设与路桥隧道施工管理[M].汕头：汕头大学出版社，2021.

[8]王磊.公路工程施工与建设[M].长春：吉林科学技术出版社，2021.

[9]葛明元.公路建设与项目管理[M].长春：吉林科学技术出版社，2020.

[10]卢利群，高翔.公路工程建设管理丛书：公路工程文明施工指南[M].成都：西南交通大学出版社，2020.

[11]庄建伟，冯涛.公路建设项目代建工作管理指南[M].成都：西南交通大学出版社，2020.

[12]修林岩，阎明阳.公路工程建设管理[M].长春：吉林科学技术出版社，2020.

[13]张勇.公路工程建设与施工管理研究[M].天津：天津科学技术出版社，2020.

[14]王炳章.公路建设工程招投标与合同管理[M].成都：西南财经大学出版社，2020.

[15]陈开群.高速公路建设项目设计与施工管理[M].北京：中国商务出版社，2020.

[16]王振峰，张丽.公路工程招投标与合同管理[M].武汉：华中科技大学出版社，2020.

[17]姚宇，周兴顺.高速公路品质工程设计技术集成[M].南京：河海大学出版社，2020.

[18]任均华.公路工程建设项目管理[M].济南：山东大学出版社，2019.

[19]丁雪英，陈强.公路桥梁建设与工程项目管理[M].长春：吉林科学技术出版社，2019.

[20]刘炳.高速公路建设管理理论及其应用研究[M].延吉：延边大学出版社，2019.

[21]张少华.公路桥梁工程与项目管理[M].北京：北京理工大学出版社，2019.

[22]王奎生，罗鸿.公路工程管理[M].长春：吉林科学技术出版社，2019.

[23]关凤林，薛峰.公路桥梁与隧道工程[M].长春：吉林科学技术出版社，2019.

[24]任传林，王轶君.公路工程施工技术[M].长春：吉林科学技术出版社，2019.

[25]沙龙，王岳.公路工程建设管理[M].天津：天津科学技术出版社，2018.

[26]郝俊杰，杨杰.公路工程建设管理与项目规划设计[M].长春：吉林科学技术出版社，2018.

[27]李宽.公路工程项目管理[M].武汉：华中科技大学出版社，2018.

[28]史建峰，陆总兵.公路工程与项目管理[M].北京：九州出版社，2018.

[29]王秀敏，葛宁.公路工程施工组织与管理[M].天津：天津大学出版社，2018.

[30]杨彦海，杨野.公路路面养护技术[M].沈阳：东北大学出版社，2018.